챗GPT로 배우는
식당 온라인 마케팅

효과를 극대화하는 실전 가이드

김영갑 지음

이프레스

머리말

왜 온라인 마케팅이 필수인가?

한때 식당의 성공은 좋은 위치와 훌륭한 맛으로 충분했습니다. 입소문이 곧 최고의 광고였고, 현수막이나 전단지만으로도 고객을 끌어모을 수 있었습니다. 그러나 시대가 변했습니다. 이제 사람들은 휴대폰 한 대로 모든 정보를 찾아봅니다. 맛집을 검색하고, 리뷰를 읽으며, SNS에서 추천받은 곳을 방문합니다.

특히 코로나19 팬데믹 이후로 온라인을 통한 정보 탐색과 예약, 주문은 식당 운영의 필수적인 요소로 자리 잡았습니다. 이런 변화 속에서 온라인 마케팅은 단순한 선택이 아니라 생존 전략이 되었습니다.

온라인 마케팅은 단순히 광고를 내는 것이 아닙니다. 고객이 당신의 식당을 발견하고, 신뢰하고, 방문하도록 돕는 강력한 도구입니다.

- 새로운 고객이 검색을 통해 당신의 식당을 찾게 합니다.
- 정기적으로 콘텐츠를 통해 브랜드와 메뉴를 노출시켜 충성 고객을 유지시킵니다.
- 고객 리뷰와 SNS를 활용해 긍정적인 평판을 관리합니다.

무엇보다, 온라인에서의 존재감은 당신의 식당이 경쟁에서 앞서 나가게 하는 핵심 요소입니다. 경쟁 식당은 이미 온라인에서 활발히 활동 중일 수 있습니다. 더 이상 뒤처질 수는 없습니다.

챗GPT, 당신의 새로운 파트너

이 책은 특별히, 식당 경영자가 온라인 마케팅에서 겪는 어려움을 해결하기 위해 챗GPT를 활용하는 방법에 초점을 맞추고 있습니다. 많은 경영자가 마케팅 전문가가 아니라는 점, 시간과 예산이 제한적이라는 점을 잘 알고 있습니다. 챗GPT는 이러한 문제를 극복하는 데 강력한 도구가 되어줄 것입니다.

챗GPT는 간단한 질문과 명령만으로 콘텐츠를 만들어주고, 데이터를 분석하며, 창의적인 아이디어를 제안합니다. 시간과 비용을 절약하면서도 전문 마케터 못지않은 결과를 얻을 수 있습니다.

온라인 마케팅은 더 이상 어려운 과제가 아닙니다. 이 책이 제안하는 방법을 따라 한다면, 당신의 식당도 온라인에서 빛을 발하며 더 많은 고객과 연결될 것입니다. 이제, 당신의 식당이 더 많은 사람들에게 사랑받는 첫걸음을 내딛어 보세요.

이 책이 당신의 식당에 주는 실질적 도움

식당 경영에 있어 온라인 마케팅은 선택이 아닌 필수가 되었지만, 어디서부터 시작해야 할지 막막한 경우가 많습니다. 이 책은 그런 고민을 가진 식당 경영자와 창업자를 위해 만들어졌습니다. 챗GPT를 활용한 실질적이고 쉬운 마케팅 전략을 제시함으로써 당신의 식당 운영을 한 단계 업그레이드할 수 있도록 도와줍니다.

시간과 비용을 절약할 수 있습니다

작은 식당의 마케팅 예산은 한정적입니다. 전문가를 고용하거나 전문 지식을 배우기에는 많은 시간과 돈이 필요합니다. 챗GPT를 활용하면 최소한의 리소스로 최대의 효과를 낼 수 있습니다.

- 예산 없이 SNS 콘텐츠를 제작
- 빠르게 고객 응대 텍스트 작성
- 데이터 분석과 전략 기획까지 간단히 수행

누구나 쉽게 따라 할 수 있습니다

이 책은 온라인 마케팅이 처음인 사람도 쉽게 이해하고 적용할 수 있는 방법을 제공합니다.

- 복잡한 마케팅 용어 대신, 실생활에 바로 적용 가능한 팁과 사례
- 챗GPT를 활용한 구체적 프롬프트 예시 제공
- 차근차근 따라 하면 완성되는 마케팅 콘텐츠

당신의 식당만의 강점을 발견하게 도와줍니다

이 책은 단순한 마케팅 기술을 넘어, 당신의 식당이 가진 고유한 매력을 발견하고 이를 효과적으로 전달하는 방법을 알려줍니다.

• 브랜드 스토리 개발로 고객과 정서적 연결
• 메뉴와 서비스의 차별화 포인트 강조
• 고객이 사랑할 이유를 스스로 이해하고 강화

실질적인 도구로 바로 실행에 옮길 수 있습니다

마케팅 전략은 계획보다 실행이 중요합니다. 이 책은 실행 가능한 구체적인 방법론과 도구를 제공합니다.

• 챗GPT를 활용한 SNS 게시물, 이벤트 기획, 리뷰 응답 예제
• 네이버 블로그 키워드 선정과 SEO 최적화 방법
• 월별 · 주별 마케팅 캘린더와 데이터 분석 활용법

경쟁력을 높이고 더 많은 고객을 유치합니다

이 책은 당신의 식당이 경쟁 식당들 사이에서 눈에 띌 수 있도록 돕습니다.

• 지역 경쟁사 분석과 차별화 전략 수립
• 타깃 고객층에 맞춘 온라인 콘텐츠 제작
• 리뷰 및 평판 관리를 통해 신뢰도 향상

최신 트렌드와 변화에 대응할 수 있습니다

온라인 마케팅은 빠르게 변화합니다. 이 책은 챗GPT를 통해 최신 트렌드에 맞춘 아이디어를 생성하고, 변화하는 환경에 신속히 적응하는 방법을 알려줍니다.

• SNS 트렌드에 맞는 콘텐츠 기획
• 고객의 라이프스타일 변화에 대응
• 계절별, 이벤트별 맞춤 마케팅 실행

식당 운영 전반에 도움을 줍니다

마케팅 외에도, 식당 운영의 효율성을 높이는 다양한 팁을 제공합니다.

• 직원 교육용 콘텐츠 작성
• 내부 협업 프로세스 정립
• 식당의 목표와 비전을 명확히 설정

이 책과 챗GPT로 만들어 갈 당신의 식당 성공 이야기

이 책은 단순히 온라인 마케팅을 설명하는 데 그치지 않습니다. 당신의 식당이 가진 강점을 온라인에서 극대화하고, 더 많은 고객에게 사랑받을 수 있는 현실적이고 실천 가능한 방법을 알려줍니다. 챗GPT라는 강력한 도구를 통해, 당신의 식당이 효율적이고 스마트한 경영 방식으로 더 큰 성공을 이루도록 돕는 실질적인 가이드가 될 것입니다.

이제, 이 책과 함께 당신의 식당 마케팅 여정을 시작해 보세요. 성장의 가능성은 무한합니다!

차례

제1장

지금 내 식당은 어디에 있나?

1.1 브랜드 강점과 약점, 정확히 파악하기
1.2 고객은 누구인가? 고객 유형과 특징 분석
1.3 경쟁사는 어떤 전략을 쓰고 있을까?
1.4 챗GPT로 간단하게 SWOT 분석하기

제1장
지금 내 식당은 어디에 있나?

1.1 브랜드 강점과 약점, 정확히 파악하기

식당 경영에서 브랜드의 강점과 약점을 정확히 파악하는 것은 성공적인 마케팅 전략의 첫걸음입니다. 강점을 극대화하고 약점을 보완하는 것이 곧 경쟁력을 높이는 핵심이기 때문입니다. 그러나 많은 식당 경영자들은 자신의 식당이 어떤 점에서 강하고, 어떤 점에서 약한지를 명확히 알지 못하거나, 이를 구체적으로 표현하지 못해 마케팅에서 손해를 보기도 합니다.

이 섹션에서는 브랜드 강점과 약점을 효과적으로 분석하는 방법과, 이를 위해 챗GPT를 활용하는 구체적인 방법을 안내합니다.

1. 강점과 약점 분석이 중요한 이유

- **강점:** 고객이 당신의 식당을 선택하는 이유가 됩니다.
  예: "우리 식당은 지역 농산물을 사용해 신선한 요리를 제공합니다."

- **약점:** 고객 이탈의 원인일 수 있습니다. 약점을 파악하면 개선 방향이 보입니다.
  예: "우리 식당은 주차 공간이 부족해서 고객 불편이 발생합니다."

강점과 약점을 명확히 이해하면 이를 바탕으로 마케팅 메시지와 운영 개선 전략을 세울 수 있습니다.

2. 챗GPT를 활용한 간단한 분석 방법

챗GPT는 강점과 약점을 파악하는 데 필요한 질문을 정리하거나, 기존 데이터를 분석해 간단한 보고서를 작성하는 데 도움을 줄 수 있습니다. 아래는 챗GPT를 활용하는 실질적인 방법입니다.

Step 1: 질문 리스트 작성

챗GPT에 아래와 같은 질문을 입력해 보세요.

- (상호)의 강점을 온라인 검색을 통해 정리해줘.
- (경쟁점 상호)와 (자기 상호)를 온라인 검색으로 비교했을 때 (자기 상호)가 더 잘 하는 점은 무엇일까?
- (자기 상호)에서 고객들이 불만을 느끼는 요소가 무엇인지 온라인 검색으로 정리해줘.

(참고) 두 식당을 직접 비교할 경우 정확한 답이 나오지 않을 수 있습니다. 자신의 점포에 대한 내용을 먼저 질문한 후, 경쟁점에 대한 내용을 이어서 질문하면 더 정확한 답을 얻을 수 있습니다. 각각의 점포에 대한 질문 후 세 번째 질문에서 비교를 요청하는 질문을 하기 바랍니다.

Step 2: 고객 피드백 요약 및 분석

고객 리뷰나 설문 조사 데이터를 챗GPT에 입력해 분석을 요청할 수 있습니다.

예:

"다음 고객 리뷰를 바탕으로 우리 식당의 강점과 약점을 요약해줘."

1. 음식이 매우 신선하고 맛있어요!
2. 서비스는 친절하지만, 음식이 나오기까지 시간이 오래 걸렸습니다.
3. 메뉴가 다양해서 좋아요. 하지만 주차 공간이 부족해요.

(참고) 1, 2, 3의 내용은 네이버, 구글 등의 리뷰를 복사해서 붙여넣기 하면 됩니다.

결과:

- 강점: 신선한 음식, 다양한 메뉴
- 약점: 음식 제공 속도, 주차 공간 부족

Step 3: 경쟁사와의 비교

챗GPT에 경쟁 식당의 정보를 입력하고 비교를 요청하면 도움이 됩니다.

예:

"(자기 상호)는 순대국 전문점입니다. (경쟁점 상호)도 같은 상권에서 경쟁하는 순대국 전문점입니다. 온라인 검색을 통해 두 식당의 강점과 약점을 비교해줘."

결과:

- 당신의 강점: 신선한 재료, 정통 레시피
- 당신의 약점: 상대적으로 비싼 가격, 주차 공간 부족

3. 분석 결과를 마케팅에 적용하는 방법

1) 강점 강화하기

강점이 돋보이도록 마케팅 메시지에 반영하세요.
예: "매일 아침, 지역 농가에서 공수한 신선한 재료로 요리합니다."

고객이 강점을 체감할 수 있도록 개선하세요.

예: “다양한 메뉴를 선보이기 위해 계절마다 새로운 요리를 추가합니다.”

2) 약점 보완하기

단기간에 해결할 수 있는 약점은 빠르게 개선합니다.

예: 음식 제공 속도가 느리다면 직원 교육 강화 또는 메뉴 조리 프로세스를 개선.

해결이 어려운 약점은 고객에게 정중히 알리고 다른 강점으로 보완합니다.

예: “주차 공간은 부족하지만, 대중교통 접근성이 좋은 위치에 있습니다.”

4. 챗GPT 프롬프트 예시

- “우리 식당의 강점과 약점을 분석하기 위한 질문 리스트를 만들어줘.”
- “아래 데이터를 바탕으로 우리 식당의 강점과 약점을 요약해줘. [데이터 입력]”
- “경쟁사와의 차이점과 강약점을 비교 분석해줘. [경쟁사 정보와 내 식당 정보 입력]”

- "우리 식당의 강점을 강조할 수 있는 마케팅 문구를 작성해줘."
- "우리 식당 약점을 보완할 수 있는 운영 개선 아이디어를 제안해줘."
- "리뷰 데이터를 기반으로 고객이 좋아하는 점과 불만족스러운 점을 요약해줘."
- "강점과 약점을 시각적으로 보여줄 수 있는 표를 만들어줘."

(참고) "우리 식당", "경쟁사"는 상호를 입력하고, 인공지능의 답변이 최신 정보를 반영하지 못하는 경우 질문에 "온라인 검색으로"라는 내용을 추가하기 바랍니다.

5. 기대 효과

챗GPT를 활용하면 데이터 분석부터 마케팅 실행까지 빠르고 효율적으로 진행할 수 있습니다. 이를 통해 당신의 식당이 가진 가장 매력적인 장점을 극대화하고, 약점을 개선하여 고객 만족도를 높이는 실질적인 효과를 얻을 수 있습니다.

이제, 당신의 브랜드를 객관적으로 평가하고, 차별화된 강점을 시장에 알릴 준비를 해 보세요!

1.2 고객은 누구인가? 고객 유형과 특징 분석

식당 운영에서 가장 중요한 질문 중 하나는 바로 "우리 식당의 고객은 누구인가?"입니다. 고객의 유형과 특징을 명확히 이해하는 것은 성공적인 마케팅 전략과 서비스 제공의 기초가 됩니다. 고객을 잘 모른다면 아무리 뛰어난 마케팅 전략도 효과를 발휘하기 어렵습니다.

이 섹션에서는 고객 유형을 분석하고, 이 정보를 마케팅에 활용하는 방법을 다룹니다. 또한 챗GPT를 활용해 고객 분석을 간단하고 효과적으로 실행하는 방법도 제시합니다.

1. 고객 유형을 분석해야 하는 이유

효과적인 타깃팅

고객의 성향에 맞춘 마케팅 메시지를 전달할 수 있습니다.

예: "가족 고객에게는 따뜻한 분위기를, 젊은 고객에게는 트렌디한 이미지를 강조."

서비스 품질 개선

고객의 요구에 맞는 메뉴와 서비스를 제공해 만족도를 높일 수 있습니다.

예: “채식주의자 고객의 비율이 높다면 비건 메뉴를 추가.”

재방문율 증가

고객을 잘 이해할수록 그들에게 더 맞는 경험을 제공하여 재방문을 유도할 수 있습니다.

2. 고객 유형 분류하기

고객을 분류할 때 다음과 같은 기준을 사용할 수 있습니다.

1) 인구통계학적 기준

- 나이: 20대, 30대, 40대 이상 등
- 성별: 남성, 여성
- 직업: 학생, 직장인, 가족 단위 등

2) 심리적 기준

- 라이프스타일: 건강 중시, 트렌드 지향, 가족 중심 등
- 소비 성향: 가격 민감형, 프리미엄 추구형 등

3) 행동적 기준

- 방문 동기: 점심 식사, 저녁 모임, 특별 행사
- 방문 빈도: 첫 방문, 단골, 가끔 방문

3. 고객 유형 분석 방법

Step 1: 기존 데이터를 활용한 분석

- POS 시스템에서 판매 데이터를 확인하여 어떤 시간대와 어떤 요일에 어떤 메뉴를 주로 구매하는지 파악합니다.
- 내 점포 또는 경쟁점의 SNS 팔로워, 네이버 검색자의 연령대와 관심사를 분석합니다.

Step 2: 설문조사 또는 리뷰 분석

- 고객에게 간단한 설문조사를 실시하거나, 경영자 또는 관리자가 직접 고객체크리스트를 작성하여 고객의 연령, 성별, 방문 동기, 만족도를 확인하세요.
- 리뷰를 복사한 후, 분석해 고객의 주요 관심사와 불만을 파악합니다.

Step 3: 챗GPT를 활용한 데이터 정리 및 요약

- 고객 데이터를 챗GPT에 입력하고 요약을 요청하면 효과적으로 분석할 수 있습니다.

예:

"다음 고객 데이터를 요약해서 고객 유형을 분류해줘.

1. 20대 여성, 주말 방문, 브런치 주문
2. 30대 남성, 평일 점심 방문, 비즈니스 런치 세트 주문
3. 40대 부부, 가족 단위 방문, 저녁 풀코스 주문"

결과:

20대: 브런치 선호, 주말 방문

30대: 점심 식사, 비즈니스 중심

40대: 가족과 함께, 저녁 풀코스 선호

4. 챗GPT를 활용한 고객 분석 프롬프트

- "우리 식당 고객의 연령대와 특징을 파악하기 위한 질문 리스트를 만들어줘."
- "아래 데이터를 바탕으로 고객의 주요 유형을 요약해줘. [고객 데이터 입력]"
- "우리 식당을 방문하는 고객의 주요 특징을 정리해줘."
- "SNS 팔로워 데이터를 분석해 어떤 콘텐츠가 효과적일지 제안해줘."
- "가족 단위 고객을 대상으로 한 마케팅 메시지를 작성해줘."
- "고객 리뷰 데이터를 분석해 방문 목적과 관심사를 분류해줘."

- "젊은 고객(20대~30대)을 타깃으로 한 SNS 콘텐츠 아이디어를 제안해줘."

(참고) 실제 질문을 할 때는 "우리 주변의 경쟁 식당"을 "강남역 상권의 칼국수 전문점"으로 표현하면 됩니다.

5. 분석 결과를 마케팅에 활용하는 방법

1) 고객 맞춤형 메뉴 개발

고객 데이터를 바탕으로 그들이 좋아할 만한 새로운 메뉴를 추가하세요.

예: "가족 단위 고객을 위해 키즈 메뉴를 개발하거나, 20대 고객을 위해 트렌디한 디저트 출시."

2) 세분화된 마케팅 메시지 전달

고객 유형별로 다른 메시지를 전달합니다.

- **가족 고객:** "주말에는 온 가족이 즐길 수 있는 특별 할인!"
- **젊은 고객:** "인스타그램 인증샷 이벤트로 트렌디한 디저트를 만나보세요!"

3) 방문 빈도에 따른 리워드 제공

- **첫 방문 고객:** "첫 방문 고객에게 음료 한 잔 무료 제공."
- **단골 고객:** "5회 방문 시, 특별 메뉴 무료 제공."

6. 기대 효과

- 고객 유형에 맞춘 맞춤형 마케팅 전략으로 고객 유입과 만족도를 동시에 높일 수 있습니다.
- 고객 데이터를 활용해 실질적인 운영 개선 방향을 찾을 수 있습니다.
- 챗GPT를 통해 시간과 비용을 절약하면서도 효율적인 분석 결과를 얻을 수 있습니다.
- 이제 고객을 더 깊이 이해하고, 그들에게 딱 맞는 경험을 제공해 보세요. 당신의 식당은 단순히 음식을 파는 공간을 넘어, 고객이 다시 찾고 싶은 특별한 장소가 될 것입니다!

1.3 경쟁사는 어떤 전략을 쓰고 있을까?

식당 경영에서 경쟁사 분석은 성공적인 마케팅 전략을 세우는 데 필수적입니다. 경쟁사가 어떤 방식으로 고객을 끌어들이고, 차별화하고 있는지를 파악하면 자신의 식당이 부족한 점을 개선하거나 강점을 더욱 강화할 수 있습니다.

이 섹션에서는 경쟁사 분석의 중요성, 분석 방법, 그리고 챗GPT를 활용해 효과적으로 경쟁사 정보를 수집하고 활용하는 방법을 안내합니다.

1. 경쟁사 분석이 중요한 이유

차별화 전략 수립

경쟁사가 강력한 마케팅 포인트를 가지고 있다면, 우리는 그와 다른 독창적인 전략을 세울 수 있습니다.

예: "경쟁사는 저렴한 가격을 강조하니, 우리는 프리미엄 품질을 내세우자."

시장 트렌드 파악

경쟁사가 사용하는 전략은 현재 시장의 흐름을 반영합니다. 이를 참고하면 우리 식당도 트렌드에 맞춘 전략을 세울 수 있습니다.

고객 확보

경쟁사의 약점을 파악해 우리의 강점으로 홍보하면, 더 많은 고객을 유치할 수 있습니다.

예: "경쟁사의 메뉴는 다양성이 부족하지만, 우리는 계절 메뉴를 자주 추가한다."

2. 경쟁사 분석에서 확인해야 할 항목

1) 가격 전략

경쟁사의 메뉴 가격은 어떻게 책정되어 있는가?

예: "평일 점심 세트 12,000원, 저녁 풀코스 25,000원"

2) 메뉴 구성

경쟁사의 메뉴는 어떤 특징이 있는가?

예: "글루텐 프리, 비건 메뉴, 계절 한정 메뉴 제공 여부"

3) 프로모션과 이벤트

어떤 이벤트나 프로모션을 진행하는가?

예: "SNS 팔로워 이벤트, 멤버십 할인, 특정 요일 특별 메뉴"

4) 고객 서비스

리뷰를 통해 서비스 품질을 분석합니다.

예: "친절함, 빠른 응대, 예약 시스템 유무"

5) 온라인 마케팅 활동

SNS, 블로그, 유튜브 등에서 어떤 활동을 하고 있는가?

예: "Instagram에서 주간 할인 이벤트 게시, 네이버 블로그에서 메뉴 소개 글 작성"

6) 평판

리뷰나 평가 점수에서 강점과 약점은 무엇인가?

예: "음식은 맛있지만 대기 시간이 길다는 의견"

3. 챗GPT를 활용한 경쟁사 분석 방법

챗GPT를 사용하면 시간과 비용을 절약하면서도 경쟁사의 정보를 체계적으로 분석할 수 있습니다.

Step 1: 질문 리스트 작성

챗GPT에 아래와 같은 질문을 입력해 보세요.

- “우리 주변 식당에서 경쟁사들이 사용하는 주요 마케팅 전략은 무엇일까?”
- “비슷한 카테고리의 식당들이 SNS에서 주로 올리는 콘텐츠 유형은 무엇인가?”

Step 2: 경쟁사 데이터 분석

경쟁사의 정보나 데이터를 입력하고 분석을 요청하면 간단히 정리할 수 있습니다.

예:

“다음은 경쟁 식당의 프로모션과 메뉴입니다. 이 정보를 바탕으로 강점과 약점을 분석해줘.

1. 평일 점심 할인 10%
2. 글루텐 프리 메뉴 추가
3. 고객 리뷰에서 서비스가 느리다는 불만 다수”

결과:

- 강점: 가격 경쟁력(평일 점심 할인), 특화된 메뉴(글루텐 프리)
- 약점: 느린 서비스

Step 3: 비교 및 전략 제안

챗GPT에 우리의 정보와 경쟁사의 정보를 비교하도록 요청하세요.

예:

“우리 식당은 프리미엄 파스타 전문점입니다. 경쟁사는 저렴한 가격을 강조하는 패밀리 레스토랑입니다. 차별화할 수 있는 마케팅 전략을 제안해줘."

결과:

"프리미엄 식재료 강조: 신선한 수제 재료와 독창적 레시피를 홍보하세요."

"특별한 경험 제공: 고급스러운 분위기와 사진 촬영하기 좋은 내부 인테리어를 강조하세요."

4. 챗GPT 프롬프트 예시

- "우리 주변의 경쟁 식당들을 조사하기 위한 질문 리스트를 만들어줘."
- "다음 데이터를 바탕으로 경쟁사의 강점과 약점을 요약해줘. [경쟁사 정보 입력]"
- "우리 식당의 강점과 경쟁사의 약점을 비교 분석해줘."
- "경쟁사의 이벤트와 프로모션을 참고해 독창적인 아이디어를 제안해줘."
- "우리 식당과 경쟁사의 가격 정책을 비교하고, 더 나은 전략을 추천해줘."
- "경쟁사의 SNS 콘텐츠를 분석해 우리 식당이 활용할 수 있는 전략을 제안해줘."
- "고객 리뷰를 기반으로 경쟁사의 강점과 불만사항을 요약해줘."

5. 분석 결과를 마케팅에 활용하는 방법

1) 강점 극대화

경쟁사가 제공하지 않는 메뉴나 서비스를 강조하세요.

예: "경쟁사와 달리, 우리는 현지 농산물을 사용한 신선한 요리를 제공합니다."

2) 약점 보완

경쟁사의 약점을 우리의 강점으로 활용하세요.

예: "서비스 속도가 느린 경쟁사와 달리, 우리는 빠르고 정확한 응대를 보장합니다."

3) 차별화된 이벤트 실행

경쟁사가 사용하지 않는 창의적인 프로모션을 기획하세요.

예: "인스타그램 해시태그 챌린지로 고객 참여 유도."

4) 트렌드 반영

경쟁사가 트렌드를 반영하지 못한다면, 이를 활용해 앞서 나가세요.

예: "비건과 글루텐 프리 옵션 추가로 더 다양한 고객층 확보."

6. 기대 효과

- 경쟁사의 전략을 명확히 파악하여 더 효과적인 마케팅을 실행할 수 있습니다.
- 우리의 강점을 부각하고 약점을 보완해 시장에서 경쟁력을 높일 수 있습니다.
- 고객에게 더 차별화된 경험을 제공하여 충성도를 강화할 수 있습니다.
- 이제 챗GPT를 활용해 경쟁사를 분석하고, 시장에서 더 빛나는 전략을 수립해 보세요. 경쟁보다 한 발 앞선 당신의 식당이 될 것입니다!

1.4 챗GPT로 간단하게 SWOT 분석하기

SWOT 분석은 식당의 현재 상태를 파악하고, 마케팅 전략을 수립하는 데 유용한 도구입니다. 강점(Strengths), 약점(Weaknesses), 기회(Opportunities), 위협(Threats)을 체계적으로 분석하면 식당의 방향성을 명확히 설정할 수 있습니다.

챗GPT를 활용하면 SWOT 분석을 간단하고 효과적으로 실행할 수 있습니다. 데이터를 정리하고 분석하는 데 드는 시간과 노력을 절약할 수 있습니다.

1. SWOT 분석이 중요한 이유

현실적인 전략 수립

SWOT 분석은 식당의 내외부 상황을 객관적으로 이해하고, 이를 바탕으로 실현 가능한 전략을 세우도록 도와줍니다.

장기적 목표 설정

분석 결과를 바탕으로 단기 · 장기 목표를 수립할 수 있습니다.
예: "약점을 보완하거나, 기회를 활용해 매출 증대."

위험 관리

잠재적인 위협 요인을 미리 파악하고 대응 전략을 마련할 수 있습니다.

2. SWOT 분석 항목

1) 강점(Strengths)

- 고객에게 선택받는 이유
- 경쟁사와 차별화되는 장점

예: "신선한 재료 사용, 독특한 메뉴, 트렌디한 인테리어."

2) 약점(Weaknesses)

- 운영에서의 부족한 점
- 경쟁사와 비교해 부족한 부분

예: "주차 공간 부족, 음식 제공 속도 느림, 온라인 리뷰 관리 부족."

3) 기회(Opportunities)

- 외부에서 활용할 수 있는 유리한 요인
- 시장 트렌드나 새로운 기술 활용

예: "SNS 마케팅, 건강 메뉴 트렌드, 지역 행사 참여."

4) 위협(Threats)

• 외부 환경에서 발생할 수 있는 위험 요인
• 경쟁사 활동이나 경제적 상황

예: "동종 업계 경쟁 심화, 재료 가격 상승."

3. 챗GPT로 SWOT 분석하는 방법

챗GPT를 활용하면 간단히 데이터 입력과 질문만으로 SWOT 분석 결과를 얻을 수 있습니다.

Step 1: 질문 던지기

챗GPT에 아래와 같은 질문을 입력하세요.

• "우리 식당의 강점과 약점을 알려줘."
• "현재 외부 환경에서 우리 식당이 직면한 기회와 위협은 무엇일까?"

Step 2: 데이터 입력

기존 데이터를 기반으로 분석을 요청할 수 있습니다.

예: "우리 식당은 신선한 재료를 사용하고 고객 서비스가 친절하다는 점에서 강점이 있습니다. 그러나 주차 공간이 부족하고 음식 제공 속도가 느리다는 피드백이 있습니다. 외부적으로는 SNS 마케

팅으로 지역 고객 유입이 증가할 가능성이 있지만, 근처에 새로운 경쟁 식당이 생겼습니다. 이를 SWOT 분석으로 정리해줘."

결과:

강점: 신선한 재료, 친절한 고객 서비스

약점: 주차 공간 부족, 음식 제공 속도 느림

기회: SNS 마케팅, 지역 고객 유입 가능성

위협: 새로운 경쟁 식당 등장

Step 3: 세부 전략 도출

챗GPT에 결과를 바탕으로 구체적인 전략을 요청할 수 있습니다.

예: "이 SWOT 분석을 바탕으로 우리 식당이 강화할 점과 개선할 점을 제안해줘."

결과:

강화: 신선한 재료와 친절한 서비스를 강조한 마케팅 캠페인 진행.

개선: 음식 제공 속도를 높이기 위한 조리 프로세스 개선 및 주차 문제 해결 방안 마련.

4. 챗GPT 프롬프트 예시

- 우리 매장 강점과 약점을 파악하기 위한 질문 리스트 작성

  프롬프트 : "칸나칼국수의 강점과 약점을 파악하기 위해 고객 관

점, 내부 운영, 메뉴 경쟁력 등을 고려한 질문 리스트를 작성해줘."

- SWOT 분석을 위한 가이드라인 작성

프롬프트 : "칸나칼국수의 SWOT 분석을 수행하기 위한 가이드라인을 작성해줘. 내부적 요인(Strengths, Weaknesses)과 외부적 요인(Opportunities, Threats)을 세부적으로 나눠 분석할 수 있도록 도와줘."

- SWOT 분석 정리

프롬프트 : "다음 데이터를 바탕으로 칸나칼국수의 SWOT 분석을 정리해줘.
강점: 신선한 재료, 합리적 가격, 단골 고객 비율 높음
약점: 홍보 부족, 온라인 리뷰 수 적음
기회: 강남 상권 내 점심 유동 인구 증가, 젊은층의 건강식 선호
위협: 심가네칼국수 강남역본점의 강력한 브랜드 인지도와 마케팅"

- 강점과 기회를 활용한 마케팅 전략 제안

프롬프트 : "칸나칼국수의 강점(신선한 재료, 합리적 가격)과 기회(강남 상권 점심 유동 인구 증가, 건강식 선호)를 최대한 활용한 구체적인 마케팅 전략을 제안해줘."

- 약점과 위협 극복을 위한 실행 방안

프롬프트 : "칸나칼국수의 약점(홍보 부족, 온라인 리뷰 수 적음)과 위협(심가네칼국수의 강력한 브랜드 인지도)을 극복할 수 있는 실행 가능한 방안을 제안해줘."

• SWOT 분석 결과를 시각적으로 정리할 표

프롬프트 : "칸나칼국수의 SWOT 분석 결과를 시각적으로 정리할 수 있는 표를 만들어줘. 표에는 각 항목의 주요 내용을 깔끔하게 정리해줘."

• 경쟁사 SWOT 분석 결과를 참고한 차별화 전략

프롬프트 : "심가네칼국수 강남역본점의 SWOT 분석 결과를 참고하여 칸나칼국수만의 차별화된 전략을 제안해줘. 특히 메뉴 구성, 가격 전략, 마케팅에서 두드러질 수 있는 차별화 포인트를 강조해줘."

5. SWOT 분석을 마케팅에 활용하는 방법

1) 강점 활용

강점을 더욱 부각시킬 수 있는 콘텐츠를 제작하세요.

예: "신선한 재료로 만든 특별 메뉴를 강조한 SNS 홍보."

2) 약점 보완

약점을 해결하기 위한 구체적인 실행 계획을 세우세요.

예: "주차 공간 부족 문제를 해결하기 위해 근처 주차장과 제휴."

3) 기회 잡기

시장 트렌드와 기회를 활용해 새로운 고객층을 유입시키세요.

예: “SNS 캠페인을 통해 젊은 고객층을 타깃으로 한 이벤트 진행.”

4) 위협 대비

위협 요소를 관리하거나 이를 최소화할 방법을 찾으세요.

예: “새로운 경쟁 식당과 차별화된 메뉴와 서비스를 제공해 경쟁력 확보.”

6. 기대 효과

- SWOT 분석을 통해 식당의 내외부 상황을 명확히 이해하고, 이를 기반으로 효과적인 전략을 세울 수 있습니다.
- 챗GPT를 활용해 시간을 절약하면서도 간결하고 효율적인 분석을 실행할 수 있습니다.
- 강점은 더 강하게, 약점은 보완하며, 기회를 최대한 활용하고 위협을 관리하여 지속 가능한 성장을 도모할 수 있습니다.
- SWOT 분석은 식당 경영의 나침반이 되어줄 것입니다. 이제 챗GPT와 함께 빠르고 정확하게 당신의 식당을 진단해 보세요!

제2장

명확한 목표가 성공의 시작이다

2.1 신규 고객을 끌어올까? 기존 고객을 더 단단히 잡을까?
2.2 매출, 브랜드, 고객 만족… 어떤 목표에 집중할 것인가?
2.3 챗GPT로 한눈에 보이는 연간 마케팅 계획과 예산 짜기

제2장

명확한 목표가 성공의 시작이다

2.1 신규 고객을 끌어올까? 기존 고객을 더 단단히 잡을까?

식당 경영에서 가장 중요한 질문 중 하나는 “우리는 누구를 더 중요하게 여길 것인가?”라는 것입니다. 신규 고객 유치와 기존 고객 유지는 모두 식당의 성장에 필수적이지만, 이 두 가지 전략은 접근 방식과 목표가 다릅니다. 따라서 명확한 우선순위를 설정하고 이에 따라 자원을 배분하는 것이 성공의 열쇠입니다.

1. 신규 고객 유치와 기존 고객 유지의 차이

1) 신규 고객 유치

- **목적:** 처음 방문하는 고객의 유입을 늘리고 브랜드 인지도를 높이는 것
- **전략:** 널리 홍보하고 매력적인 첫인상을 제공
- **예산:** 상대적으로 더 많은 마케팅 비용 필요
- **기대 효과:** 새로운 시장과 고객층 확보

2) 기존 고객 유지

- **목적:** 현재의 고객을 만족시켜 재방문율을 높이고, 충성 고객으로 전환
- **전략:** 고객 로열티 프로그램, 특별 혜택 제공
- **예산:** 유지 비용이 유치 비용보다 낮음
- **기대 효과:** 꾸준한 매출 기반 형성

2. 무엇을 선택해야 할까?

결정 기준

현재 상황 분석

- 신규 고객 비중이 적다면, 유치에 더 초점을 맞춰야 합니다.

- 기존 고객이 많지만 재방문율이 낮다면 유지 전략이 필요합니다.

자원 평가

- 예산과 인력이 충분하다면, 신규 고객과 기존 고객을 동시에 공략할 수 있습니다.
- 제한된 자원이라면, 더 효과적인 쪽에 집중해야 합니다.

시장 상황

- 주변 경쟁이 심하면 기존 고객 유지를 우선시하고, 상대적으로 경쟁이 적다면 신규 고객 유치에 투자할 수 있습니다.

3. 챗GPT로 신규 고객과 기존 고객 전략 세우기

Step 1: 목표 정의

챗GPT에 간단한 질문을 던져 당신의 목표를 명확히 정리할 수 있습니다.

- "우리 식당의 신규 고객 유치와 기존 고객 유지 전략을 세우기 위한 질문을 만들어줘."
- "신규 고객 유치를 위해 어떤 홍보 방법이 효과적일까?"
- "기존 고객의 재방문율을 높이는 방법을 추천해줘."

Step 2: 데이터 분석

고객 데이터를 입력하고, 신규 고객과 기존 고객의 비율을 분석하도록 요청하세요.

예:

"우리 식당의 지난달 매출 데이터입니다.

- 신규 고객: 30명, 총 매출 1,200,000원

- 기존 고객: 70명, 총 매출 2,800,000원

이 데이터를 바탕으로 어떤 전략을 세워야 할지 추천해줘."

결과:

- 신규 고객 유치: 비율이 낮으므로 적극적인 홍보와 프로모션 필요.
- 기존 고객 유지: 높은 비율을 유지하기 위해 로열티 프로그램 강화.

Step 3: 구체적인 아이디어 도출

챗GPT에 실행 가능한 아이디어를 요청하세요.

- "신규 고객을 위한 첫 방문 할인 프로모션을 기획해줘."
- "기존 고객을 위한 멤버십 혜택 아이디어를 추천해줘."

4. 신규 고객 유치 전략

첫 방문 프로모션

- 할인 쿠폰 제공: 첫 방문 고객에게 특별 할인 제공.

• 무료 음료/디저트: 첫 방문 고객이 쉽게 방문을 결심하도록 유도.

온라인 홍보

• SNS 광고: 주변 지역 타깃팅 광고 실행.
• 고객 리뷰 활성화: 리뷰를 통해 신규 고객의 신뢰를 확보.

이벤트와 체험 기회

• 시식회: 특별 메뉴를 무료로 제공하는 행사를 개최.
• 지역 행사 참여: 플리마켓이나 지역 축제에 참여해 브랜드 노출 강화.

5. 기존 고객 유지 전략

로열티 프로그램

• 포인트 적립: 방문 횟수에 따라 적립해 할인 혜택 제공.
• VIP 프로그램: 정기 고객에게 특별 할인이나 선물을 제공.

개인화된 서비스

• 생일 축하 메시지와 쿠폰 제공.
• 즐겨 찾는 메뉴를 추천하거나 맞춤형 서비스를 제공.

정기적인 소통

- 문자나 카카오톡 채널을 통해 새로운 메뉴, 이벤트 알림.
- 고객 설문조사를 통해 피드백 반영.

6. 챗GPT 프롬프트 예시

- "신규 고객을 유치하기 위한 효과적인 홍보 아이디어를 추천해줘."
- "기존 고객의 재방문율을 높이는 멤버십 프로그램을 기획해줘."
- "우리 식당의 고객 데이터를 분석해 신규 고객 유치와 기존 고객 유지의 우선순위를 제안해줘."
- "첫 방문 고객에게 제공할 매력적인 할인 프로모션 문구를 만들어줘."
- "충성 고객을 위한 특별 이벤트 아이디어를 제안해줘."
- "SNS 광고로 신규 고객을 타깃팅하는 방법을 알려줘."
- "고객 설문조사를 바탕으로 기존 고객 만족도를 높이는 방법을 추천해줘."

7. 기대 효과

신규 고객 유치

- 더 많은 고객 유입으로 브랜드 인지도 향상.
- 매출 증가 및 새로운 시장 개척.

기존 고객 유지

- 고객 충성도 증가로 꾸준한 매출 확보.
- 긍정적인 입소문을 통한 신규 고객 유입 효과.

결론적으로, 신규 고객 유치와 기존 고객 유지는 상호 보완적인 관계입니다. 당신의 식당 상황에 따라 우선순위를 정하고, 챗GPT의 도움으로 효율적인 전략을 실행해 보세요!

2.2 매출, 브랜드, 고객 만족… 어떤 목표에 집중할 것인가?

식당 운영에서 성공적인 목표 설정은 모든 전략의 시작점입니다. 그러나 매출, 브랜드 인지도, 고객 만족 등 다양한 목표 중 어디에 집중해야 할지 결정하기는 쉽지 않습니다. 목표가 명확하지 않다면 마케팅과 운영 방향이 흔들리게 되고, 자원도 비효율적으로 사용될 수 있습니다.

이 섹션에서는 식당 경영자가 가장 중요한 목표를 설정하고, 이를 달성하기 위한 구체적인 방법과 챗GPT를 활용한 실질적 도움을 안내합니다.

1. 주요 목표와 그 중요성

1) 매출 증대

- **목적:** 안정적인 수익을 확보하고, 지속 가능한 성장을 도모.
- **중요성:** 식당 운영의 기본이 되는 목표로, 이를 달성하지 못하면 다른 목표도 이룰 수 없습니다.
- **달성 방법:** 프로모션, 신규 고객 유치, 기존 고객의 재방문율 증대.

2) 인지도 강화

- **목적:** 고객의 선택을 받을 수 있는 강력한 브랜드 이미지 구축.
- **중요성:** 경쟁이 치열한 시장에서 살아남기 위해 필수.
- **달성 방법:** SNS 마케팅, 스토리텔링, 지역 커뮤니티 참여.

3) 고객 만족도 향상

- **목적:** 고객의 충성도를 높이고, 긍정적인 입소문 유도.
- **중요성:** 만족한 고객은 재방문뿐 아니라 주변에 식당을 추천합니다.
- **달성 방법:** 서비스 품질 개선, 피드백 반영, 개인화된 경험 제공.

2. 어떤 목표를 우선할 것인가?

1) 현재 상황 평가

챗GPT를 활용해 다음 질문에 답해 보세요.

- "현재 우리 식당에서 가장 필요한 개선점은 무엇일까?"
- "매출, 브랜드, 고객 만족 중 어디에서 더 큰 기회가 있을까?"

2) 주요 지표 분석

현재 데이터를 분석하여 어디에 집중할지 결정합니다.

- 매출: 최근 6개월 매출 증가율.
- 브랜드: SNS 팔로워 수, 포스팅 반응률.
- 고객 만족: 리뷰 평점, 고객 설문조사 결과.

3) 리소스와 환경 고려

- 리소스(시간, 인력, 예산)가 한정적일 경우, 하나의 목표에 집중.
- 여유가 있다면 매출, 브랜드, 고객 만족을 균형 있게 목표로 설정.

3. 챗GPT를 활용한 목표 설정

Step 1: 목표 우선순위 정하기

챗GPT에 질문을 입력해 당신의 상황에 맞는 목표 우선순위를 제안받을 수 있습니다.

예:

"우리 식당은 매출이 정체 상태이고, 온라인 리뷰는 긍정적입니다. 하지만 브랜드 인지도는 낮습니다. 이 상황에서 어떤 목표에 우선해야 할지 제안해줘."

결과:

매출 증대와 브랜드 인지도 강화가 중요합니다.

제안된 전략: 첫 방문 고객 할인 이벤트와 SNS 캠페인 병행.

Step 2: **목표에 맞는 세부 전략 생성**

챗GPT에 구체적인 목표와 상황을 입력하면 맞춤형 전략을 추천받을 수 있습니다.

예:

"우리 목표는 매출을 20% 증가시키는 것입니다. 이를 달성하기 위한 실행 가능한 전략을 제안해줘."

결과:

평일 런치 세트 프로모션.

인스타그램 광고를 통한 신규 고객 유치.

단골 고객 대상 할인 쿠폰 제공.

4. 목표별 전략과 실천 방안

1) 매출 증대

전략: 신규 고객 유치와 기존 고객의 객단가 상승을 동시에 추진.

실천 방안:

- 특별 프로모션(점심 할인, 세트 메뉴).
- 고객 리뷰를 통한 홍보 강화.
- 대규모 이벤트 진행.

2) 브랜드 인지도 강화

전략: 지역 커뮤니티 및 온라인에서의 입지 확립.

실천 방안:

- SNS 캠페인(해시태그 챌린지, 사진 인증 이벤트).
- 지역 축제나 행사 참여.
- 브랜드 스토리 강조(식재료, 창업 이야기).

3) 고객 만족도 향상

전략: 고객 경험 개선과 정기적 피드백 수집.

실천 방안:

- 고객 설문조사 및 리뷰 모니터링.
- 생일 쿠폰, 개인화된 메시지 발송.
- 직원 서비스 교육 강화.

5. 챗GPT 프롬프트 예시

- "우리 식당의 매출 증대를 위해 실행 가능한 3가지 전략을 제안해줘."
- "브랜드 인지도를 높이기 위한 효과적인 SNS 캠페인 아이디어를 만들어줘."
- "고객 만족도를 높이기 위한 서비스 개선 방안을 추천해줘."

- "매출 15% 증가와 고객 만족도 개선을 동시에 달성할 방법을 제안해줘."
- "우리 식당의 목표를 달성하기 위한 월별 실행 계획을 세워줘."
- "칸나칼국수(분석하려는 점포의 상호)의 온라인 리뷰를 분석해 고객이 가장 중요하게 생각하는 요소를 알려줘."
- "다음 목표에 맞는 마케팅 문구를 작성해줘: [목표 입력]."

6. 기대 효과

- **매출 증대:** 보다 명확한 전략으로 단기적인 성과를 올릴 수 있습니다.
- **브랜드 인지도 강화:** 고객이 당신의 식당을 선택할 이유를 더 분명히 제공합니다.
- **고객 만족도 향상:** 충성 고객의 재방문율과 긍정적인 입소문을 통해 지속적인 성장 기반을 마련합니다.

이제 챗GPT와 함께 당신의 식당 상황에 가장 적합한 목표를 설정하고, 이를 효과적으로 달성해 보세요. 목표가 명확할수록 성공에 더 가까워집니다!

2.3 챗GPT로 한눈에 보이는 연간 마케팅 계획과 예산 짜기

식당의 마케팅 성공은 체계적인 계획과 적절한 예산 관리에서 시작됩니다. 연간 마케팅 계획은 중요한 행사, 시즌별 프로모션, 고객 관리 활동 등을 체계적으로 구성하여 일관성과 효율성을 높이는 데 필수적입니다. 챗GPT를 활용하면 짧은 시간에 한눈에 파악할 수 있는 연간 계획을 세우고, 적합한 예산을 배정할 수 있습니다.

1. 연간 마케팅 계획의 중요성

- **효율적인 리소스 관리:** 자금과 시간을 어디에 집중할지 미리 계획하여 낭비를 줄입니다.
- **목표 달성의 가시화:** 매출, 브랜드 강화, 고객 만족 등 연간 목표를 단계적으로 실현할 수 있습니다.
- **일관성 유지:** 다양한 채널과 활동을 조율하여 마케팅 메시지를 일관되게 전달할 수 있습니다.

2. 연간 마케팅 계획 세우기

Step 1: 주요 이벤트와 시즌 정리

계절별 프로모션

- 봄: 신메뉴 출시, 봄꽃 축제 연계 이벤트.
- 여름: 냉면, 아이스 음료 프로모션, 휴가철 특가 메뉴.
- 가을: 추석 한정 메뉴, 지역 축제 참여.
- 겨울: 연말 모임 패키지, 크리스마스 이벤트.

기념일과 특별한 날 활용

- 발렌타인데이, 어린이날, 어버이날 등.
- 창립 기념일 할인 또는 이벤트.
- 월별 기획
- 매월 정기적으로 진행할 SNS 캠페인, 고객 후기 이벤트, 멤버십 혜택 강화.

Step 2: 각 활동의 목표 설정

- 매출 증대: 계절 한정 메뉴, 특별 이벤트.
- 브랜드 인지도 강화: SNS 콘텐츠, 지역 커뮤니티 연계 활동.
- 고객 만족도 향상: 설문조사, VIP 혜택, 맞춤형 메시지 발송.

Step 3: 실행 가능한 일정 구성

챗GPT를 활용하면 월별로 체계적인 일정표를 손쉽게 만들 수 있습니다.

예:

"우리 식당의 연간 마케팅 일정을 월별로 구성해줘. 주요 이벤트: 봄철 신메뉴 출시, 여름 특가 메뉴, 가을 지역 축제 참여, 겨울 크리스마스 프로모션."

결과:

월	주요 활동	목표	채널	예산
1월	신년 감사 이벤트	고객 만족도 향상	SNS, 문자	300,000원
3월	봄 신메뉴 출시 프로모션	매출 증대	네이버 블로그, SNS	500,000원
7월	여름 특가 메뉴 할인	신규 고객 유치	Instagram 광고	800,000원
10월	지역 축제 참여 및 팝업 스토어 운영	브랜드 강화	현장 이벤트, SNS	1,200,000원
12월	크리스마스 패키지 판매	매출 증대	카카오톡 채널	1,000,000원

3. 예산 짜기

Step 1: 예산 범위 설정

- 전체 예산: 연 매출의 5~10%를 마케팅에 배정.
- 주요 카테고리: 광고비, 이벤트 비용, 콘텐츠 제작비, 고객 관리 비용.

Step 2: 활동별 예산 분배

챗GPT에 예산 배분을 요청해볼 수 있습니다.

예:

"우리 식당의 연간 마케팅 예산이 5,000,000원입니다. 주요 활동은 SNS 광고, 계절 메뉴 프로모션, 지역 축제 참여입니다. 예산을 분배해줘."

결과:

SNS 광고: 2,000,000원 (40%)

계절 메뉴 프로모션: 1,500,000원 (30%)

지역 축제 참여: 1,000,000원 (20%)

기타(고객 관리): 500,000원 (10%)

4. 챗GPT 프롬프트 예시

- "우리 식당의 연간 마케팅 계획을 월별로 세워줘. 주요 이벤트: 발렌타인데이, 여름 특가 메뉴, 가을 축제 참여, 크리스마스 프로모션."
- "연간 마케팅 목표가 매출 15% 증대와 고객 만족도 향상일 때, 월별 활동을 제안해줘."
- "5,000,000원의 마케팅 예산을 월별로 분배하고, 각 활동에 적합한 예산을 설정해줘."
- "SNS 광고에 연간 2,000,000원을 사용할 때, 계절별로 적합한 광고 아이디어를 추천해줘."
- "우리 식당의 월간 이벤트 아이디어와 실행 계획을 세워줘."
- "연간 계획을 표로 정리해 한눈에 볼 수 있게 만들어줘."
- "봄, 여름, 가을, 겨울 시즌에 각각 적합한 마케팅 캠페인 아이디어를 제안해줘."

5. 기대 효과

- **효율성 극대화:** 일정을 한눈에 볼 수 있어 시간과 비용을 효율적으로 관리할 수 있습니다.
- **성과 향상:** 명확한 목표와 일정으로 모든 활동이 기대한 결과

로 이어질 가능성이 높아집니다.

- **예산 절감:** 챗GPT의 도움으로 예산 낭비를 줄이고, 효과적인 지출 계획을 세울 수 있습니다.

결론

챗GPT를 활용하면 연간 마케팅 계획과 예산을 체계적으로 관리할 수 있습니다. 월별, 분기별로 구체적인 계획을 세우고 예산을 효율적으로 배정하여 당신의 식당이 매출, 브랜드, 고객 만족 모든 목표를 달성할 수 있도록 도와줍니다. 지금 바로 챗GPT와 함께 계획을 시작해 보세요!

제3장

당신의 브랜드 스토리를 들려주세요

제3장

당신의 브랜드 스토리를 들려주세요

3.1 차별화된 브랜드 스토리 만들기

식당의 브랜드 스토리는 단순히 이름과 메뉴를 넘어, 고객과 정서적으로 연결되는 핵심 요소입니다. 차별화된 브랜드 스토리는 경쟁이 치열한 시장에서 눈에 띄게 하고, 고객이 당신의 식당을 더 오래 기억하며 다시 찾게 만드는 원동력이 됩니다.

1. 브랜드 스토리란 무엇인가?

브랜드 스토리는 단순히 식당의 역사나 설명이 아닙니다.

- **정체성:** 식당의 철학과 가치를 담은 이야기.
- **감정적 연결:** 고객이 공감하고 신뢰를 느낄 수 있는 메시지.
- **차별화:** 다른 식당과의 차이를 명확히 보여주는 포인트.

예:

“우리는 3대째 이어온 전통 레시피로 지역 주민들에게 사랑받는 레스토랑입니다.”

“현지 농산물을 사용해 매일 신선한 음식을 제공합니다.”

2. 차별화된 브랜드 스토리의 중요성

경쟁에서 돋보이기

독특한 스토리는 고객이 식당을 기억하고 선택하는 이유가 됩니다.

예: “모든 재료는 셰프가 직접 방문한 농장에서 공수합니다.”

고객 충성도 강화

진솔한 이야기는 고객과의 신뢰를 형성합니다.

예: “창업 계기는 가족과 함께 따뜻한 식사를 즐기고 싶다는 마음이었습니다.”

홍보와 마케팅에서 활용

감동적이고 독창적인 스토리는 자연스럽게 콘텐츠로 연결됩니다.

예: SNS에서 ‘나만의 스토리’를 강조한 캠페인.

3. 차별화된 브랜드 스토리 만드는 방법

Step 1: 핵심 가치와 철학 찾기

왜 이 식당을 시작했는가?

예: "아이들에게 건강한 음식을 제공하고 싶어서."

우리 식당이 가장 중요하게 여기는 가치는 무엇인가?

예: "정직한 재료, 따뜻한 환대."

Step 2: 고객과의 연결고리 찾기

고객이 공감할 수 있는 부분을 강조하세요.

예:

"우리 레스토랑의 모든 요리는 어머니의 손맛에서 영감을 받았습니다."

Step 3: 차별화된 요소 추가하기

경쟁사와 비교했을 때 특별한 점을 스토리에 포함하세요.

예: "모든 메뉴는 직접 만든 소스로 요리됩니다."

Step 4: 시각적, 감각적 요소 강화

스토리를 인테리어, 메뉴 설명, 서비스 경험으로 전달하세요.

예:

"우리 공간은 창업자의 유년 시절 주방에서 영감을 받아 디자인되었습니다."

4. 챗GPT를 활용한 브랜드 스토리 개발

챗GPT를 활용하면 간단한 질문과 답변을 통해 매력적인 브랜드 스토리를 만들어낼 수 있습니다.

Step 1: **스토리 아이디어 브레인스토밍**

챗GPT에 간단히 요청해 보세요.

예:

"우리 식당은 현지 농산물을 사용하는 친환경 레스토랑입니다. 이 정보를 바탕으로 브랜드 스토리를 만들어줘."

결과:

"저희는 자연이 주는 선물을 가장 신선한 상태로 고객님께 전달하고자 노력합니다. 매일 아침 지역 농가에서 직접 공수한 재료로 음식을 만듭니다. '건강한 한 끼'라는 저희의 철학이 고객님의 일상에 작은 기쁨이 되길 바랍니다."

Step 2: **고객 연결 포인트 찾기**

예:

"우리 식당의 창업 계기가 고객과 연결될 수 있는 메시지가 되도록 스토리를 구성해줘."

결과:

"저희 식당은 아이들에게 건강한 음식을 제공하고 싶다는 마음에서 시작되었습니다. 이 철학은 현재까지 이어져, 모든 요리에 신선하고 안전한 재료만을 사용하고 있습니다."

Step 3: 스토리와 시각적 요소 결합

예:

"우리 레스토랑의 스토리를 인테리어나 메뉴 설명으로 어떻게 표현할 수 있을지 아이디어를 줘."

결과:

인테리어: "벽면에 농장에서 공수한 재료의 사진과 생산자 이야기를 게시."

메뉴 설명: "재료의 유래를 소개하는 설명 추가 (예: '이 토마토는 XX 지역의 유기농 농장에서 재배되었습니다')."

5. 챗GPT 프롬프트 예시

- "식당의 브랜드 스토리를 만드는 방법을 알려줘."
- "우리 식당의 브랜드 스토리를 작성할 수 있도록 질문 리스트를 만들어줘."
- "다음 정보를 바탕으로 브랜드 스토리를 작성해줘. [정보 입력]"
- "경쟁 식당과 차별화된 브랜드 스토리를 만들어줘."

- "고객과 공감대를 형성할 수 있는 창업 계기 스토리를 추천해줘."
- "우리 브랜드 스토리를 SNS 캠페인에 활용할 수 있는 메시지로 만들어줘."
- "스토리를 메뉴 설명에 녹여낼 방법을 제안해줘."
- "우리 브랜드의 가치를 강조할 수 있는 스토리 아이디어를 브레인스토밍해줘."

6. 기대 효과

고객과 정서적 연결

감동적이고 차별화된 스토리로 고객의 신뢰와 관심을 얻을 수 있습니다.

마케팅에서 활용 가능

브랜드 스토리는 SNS, 광고, 블로그 콘텐츠 등 다양한 채널에서 강력한 무기가 됩니다.

식당 정체성 확립

명확한 스토리는 직원과 고객 모두에게 일관된 메시지를 전달해 브랜드를 강화합니다.

결론

차별화된 브랜드 스토리는 단순한 마케팅 도구를 넘어, 고객이 당신의 식당을 선택하게 만드는 핵심 요소입니다. 챗GPT를 활용해 브랜드의 정체성을 담은 이야기를 만들어보고, 이를 효과적으로 전달해 보세요. 고객의 마음속에 당신의 스토리를 심는 순간, 당신의 식당은 단순한 공간을 넘어 특별한 경험으로 자리잡을 것입니다.

3.2 고객과 공감하는 이야기로 마음을 사로잡기

식당 운영에서 고객의 마음을 사로잡는 가장 강력한 방법 중 하나는 공감입니다. 고객이 식당의 이야기에 공감할 때, 단순한 식사 경험이 특별한 기억으로 바뀌고, 이는 충성 고객으로 이어질 가능성을 높입니다. 고객과 공감할 수 있는 이야기를 만들고 전달하는 것은 마케팅과 운영의 핵심 전략 중 하나입니다.

1. 공감 스토리가 중요한 이유

정서적 연결 형성

고객은 단순히 음식을 먹기 위해 식당을 방문하지 않습니다. 이야기를 통해 식당에 감정을 느끼고 기억하게 됩니다.

예:

"이 식당은 엄마의 레시피로 만든 요리를 제공한다는 점에서 따뜻한 느낌이 들었어요."

차별화된 경험 제공

공감은 경쟁이 치열한 시장에서 식당을 돋보이게 만듭니다.

예:

"우리는 모든 음식을 지역 농부와 협력해 신선한 재료로 만듭니다."

입소문과 고객 충성도 향상

공감이 형성된 고객은 자발적으로 긍정적인 입소문을 내고, 재방문할 가능성이 높습니다.

2. 고객과 공감할 수 있는 이야기 만들기

Step 1: **고객의 관심사와 가치 이해**

고객의 라이프스타일과 관심사를 분석하세요.

예: 건강, 지역사회, 환경, 가족.

고객이 중요하게 여기는 가치를 파악하세요.

예: 신뢰, 따뜻함, 지속 가능성.

Step 2: **이야기의 핵심 메시지 설정**

- 음식에 대한 철학: “우리는 건강하고 정직한 음식을 제공합니다.”
- 창업의 동기: “가족과 함께 즐길 수 있는 공간을 만들고 싶었습니다.”
- 지역사회와의 연결: “지역 농산물을 사용해 지역 경제를 지원합니다.”

Step 3: **실제 사례를 활용**

고객이 쉽게 공감할 수 있도록 실제 사례를 이야기하세요.

예:

"이 요리는 창업자의 어린 시절 추억에서 영감을 받았습니다. 당시 가족과 함께했던 주말 저녁 식사의 맛을 재현하고 싶었습니다."

Step 4: **고객의 이야기를 포함**

고객 리뷰나 경험을 활용해 스토리에 포함하세요.

예:

"한 고객님이 이 요리를 드신 후, 어린 시절 어머니가 만들어주신 음식을 떠올리셨다고 하더군요."

3. 공감 스토리를 다양한 방식으로 전달하기

1) SNS 게시물

고객의 일상과 연결될 수 있는 콘텐츠 제작.

예: "오늘은 추억을 불러일으키는 따뜻한 스프 한 그릇 어떠세요?"

2) 메뉴 설명

단순한 요리 이름 대신, 음식의 기원과 이야기를 설명.

예: "이 파스타는 창업자가 이탈리아 여행 중 사랑에 빠진 맛에서 영감을 받았습니다."

3) 인테리어와 서비스

스토리를 인테리어와 직원 교육에 반영하여 고객이 체험하도록 만드세요.

예: "벽면에 지역 농부와 협력한 이야기와 그들의 사진을 게시."

4. 챗GPT를 활용해 공감 스토리 개발하기

Step 1: 아이디어 브레인스토밍

챗GPT에 간단한 질문을 던져보세요.

예:

"우리 식당은 가족과 함께 따뜻한 식사를 즐길 수 있는 공간입니다. 고객과 공감할 수 있는 이야기를 만들어줘."

결과:

"저희 식당은 가족이 함께 모여 따뜻한 시간을 보낼 수 있는 공간입니다. 어릴 적, 식구들이 한 자리에 모여 먹던 소박하지만 정성 가득한 한 끼가 오늘날 저희 식당을 있게 했습니다. 고객님도 그런 따뜻함을 느끼셨으면 좋겠습니다."

Step 2: 고객의 관심사 반영

예:

"우리 식당은 현지 농산물을 사용하고 있습니다. 고객이 공감할 수 있는 스토리를 작성해줘."

결과:

"저희는 매일 아침 지역 농가에서 신선한 재료를 공수합니다. 이는 단순한 선택이 아니라, 지역 사회와 환경을 지키고자 하는 약속입니다. 고객님께서 저희 음식을 드실 때, 그 안에 담긴 정성과 가치를 함께 느끼시길 바랍니다."

Step 3: 고객 경험 활용

예:

"우리 식당에서 고객이 느꼈던 감동적인 경험을 바탕으로 이야기를 만들어줘."

결과:

"한 고객님은 저희 식당에서 어린 시절 부모님과 함께했던 특별한 요리의 맛을 떠올리셨다고 합니다. 저희는 그러한 순간이 고객님의 추억으로 남도록 항상 최선을 다하고 있습니다."

5. 챗GPT 프롬프트 예시

- "우리 식당의 브랜드 철학을 바탕으로 고객과 공감할 수 있는 이야기를 만들어줘."
- "가족 고객이 공감할 수 있는 따뜻한 스토리를 작성해줘."
- "우리 메뉴의 기원을 설명하며 고객과 연결되는 메시지를 만들어줘."

- “칸나칼국수 온라인 검색 후, 고객의 긍정적인 리뷰에서 언급한 점을 활용해서 브랜드 스토리를 작성해줘.”
- “지역 농산물을 사용하는 점을 강조하며 공감을 끌어낼 스토리를 만들어줘.”
- “음식이 주는 감동과 추억을 담은 이야기 아이디어를 제안해줘.”
- “SNS에서 활용할 공감 메시지를 작성해줘.”

6. 기대 효과

고객 충성도 증가

고객은 공감을 느끼면 브랜드와의 정서적 유대감이 강화됩니다.

입소문 효과

감동적이고 공감할 수 있는 이야기는 고객이 자발적으로 공유하게 만듭니다.

브랜드 이미지 강화

단순한 식당이 아닌, 특별한 이야기를 가진 브랜드로 자리 잡습니다.

결론

고객과 공감할 수 있는 이야기는 단순한 스토리를 넘어, 고객과의 관계를 강화하고 브랜드의 가치를 전달하는 강력한 도구입니다. 챗GPT를 활용해 공감 스토리를 개발하고, 이를 다양한 방식으로 고객에게 전달해 보세요. 고객의 마음을 움직이는 순간, 당신의 식당은 단순한 공간을 넘어 특별한 경험을 선사하는 곳이 될 것입니다.

3.3 브랜드의 핵심 메시지와 톤앤매너 확립하기

브랜드의 핵심 메시지와 톤앤매너는 고객과 소통할 때 브랜드를 차별화하고 일관성을 유지하는 데 필수적입니다. 핵심 메시지는 고객에게 전달하고자 하는 브랜드의 본질이며, 톤앤매너는 이를 어떻게 표현할지에 대한 스타일입니다.

이 섹션에서는 브랜드의 정체성을 반영한 핵심 메시지와 톤앤매너를 정의하고, 이를 효과적으로 활용하는 방법을 안내합니다.

1. 브랜드 핵심 메시지란?

1) 정의

브랜드 핵심 메시지는 브랜드가 고객에게 전달하고자 하는 주된 가치나 약속입니다.

- **간결성:** 쉽게 이해되고 기억될 수 있어야 합니다.
- **차별성:** 경쟁 브랜드와 구별될 수 있어야 합니다.
- **일관성:** 모든 커뮤니케이션 채널에서 동일하게 유지되어야 합니다.

2) 예시

정직한 재료, 따뜻한 한 끼

지역의 맛과 이야기를 담은 요리

건강과 행복을 위한 정성 가득한 식사

2. 톤앤매너란?

1) 정의

톤앤매너는 브랜드의 메시지를 고객에게 전달할 때 사용하는 언어적, 시각적 스타일입니다.

- **톤:** 브랜드의 목소리(친근함, 전문성, 유쾌함 등).
- **매너:** 표현 방식(언어 선택, 감성의 강도, 시각적 스타일 등).

2) 중요성

- 브랜드의 개성과 정체성을 표현합니다.
- 고객과의 소통에서 일관성을 유지합니다.
- 특정 고객층에 더 잘 어필할 수 있습니다.

3) 예시

친근하고 캐주얼한 톤: “오늘도 맛있는 하루 보내세요! 🍰”

전문적이고 고급스러운 톤: "최상의 품질로 정성을 다해 준비했습니다."

3. 핵심 메시지와 톤앤매너 정립 방법

Step 1: 브랜드의 핵심 가치 정리

우리 브랜드가 가장 중요하게 여기는 가치는 무엇인가?
예: 건강, 신뢰, 지속 가능성.

고객이 우리 브랜드를 통해 얻고자 하는 것은 무엇인가?
예: 품질 좋은 음식, 따뜻한 경험.

Step 2: 목표 고객 정의

고객의 연령대와 관심사에 따라 톤앤매너를 조정하세요.
예: 젊은 고객 → 유쾌하고 트렌디한 톤.
가족 중심 → 따뜻하고 포근한 톤.

Step 3: 핵심 메시지 작성

질문:
"우리 브랜드는 고객에게 어떤 가치를 전달하고자 하는가?"
"고객이 브랜드를 통해 무엇을 느끼길 원하는가?"

답변을 바탕으로 메시지 도출:

예: "지역의 맛을 신선하게 전달하는 우리의 약속."

Step 4: 톤앤매너 정의

언어적 요소

- 친근한 언어: "여러분, 안녕하세요!"
- 전문적 언어: "최고의 품질로 준비한 메뉴입니다."

시각적 요소

- 사진 스타일: 밝고 생동감 있는 이미지 vs. 세련되고 고급스러운 이미지.
- 색상: 브랜드의 분위기에 어울리는 색채.

4. 챗GPT를 활용한 핵심 메시지와 톤앤매너 개발

Step 1: 메시지 아이디어 생성

예:

"우리 식당은 지역 농산물을 사용하고 신선한 요리를 제공합니다. 고객에게 전달할 수 있는 핵심 메시지를 만들어줘."

결과:

"지역에서 온 신선함, 정성으로 담아내다."

"자연의 선물을 고객님께 전합니다."

Step 2: 톤앤매너 설정

예:

"우리 식당은 젊고 트렌디한 고객을 타깃으로 합니다. 이에 맞는 톤앤매너를 정의해줘."

결과:

- 톤: 발랄하고 유쾌함.
- 매너: 감성적이고 트렌디한 문구 사용.

예: "여기서 맛있게 찍고, 맛있게 먹고, 행복하게 즐기세요!"

Step 3: 실전 활용

예:

"우리 브랜드 핵심 메시지를 SNS와 메뉴 설명에 활용할 수 있는 문구로 바꿔줘."

결과:

• SNS: "현지 농부와 함께 만든 신선한 맛, 바로 여기!"
• 메뉴 설명: "이 요리는 매일 아침 지역 농장에서 가져온 신선한 재료로 만들었습니다."

5. 챗GPT 프롬프트 예시

- "우리 식당의 철학을 바탕으로 브랜드 핵심 메시지를 만들어 줘."
- "젊은 고객층을 타깃으로 한 톤앤매너를 설정해줘."
- "브랜드 스토리를 간결한 핵심 메시지로 정리해줘."
- "가족 중심 고객에게 어필할 수 있는 따뜻한 톤앤매너를 추천해줘."
- "지역 농산물을 강조하는 핵심 메시지와 톤앤매너를 작성해 줘."
- "고급스러운 이미지를 전달할 수 있는 메시지와 시각적 요소를 제안해줘."
- "우리 브랜드 메시지를 메뉴판과 광고에 맞게 활용하는 문구를 만들어줘."

6. 기대 효과

고객과의 일관된 소통

어디서나 동일한 메시지와 스타일로 브랜드 인식을 강화할 수 있습니다.

차별화된 브랜드 이미지 형성

톤앤매너와 메시지가 다른 식당과의 차별화를 돕습니다.

고객 충성도 강화

브랜드의 가치를 일관되게 전달하면 고객과의 신뢰 관계가 강화됩니다.

결론

핵심 메시지와 톤앤매너는 식당의 정체성과 가치를 고객에게 전달하는 중요한 도구입니다. 챗GPT를 활용해 효과적인 메시지와 일관된 스타일을 설정하면, 당신의 식당은 단순히 음식을 제공하는 장소를 넘어 특별한 경험을 제공하는 브랜드로 자리잡을 수 있습니다. 고객이 당신의 브랜드를 기억하고 사랑하게 만들어 보세요!

제4장

온라인 채널 선택, 어디서 시작할까?

4.1 네이버 블로그, Instagram, TikTok… 당신의 플랫폼은?
4.2 타깃 고객층이 가장 많이 모이는 곳 찾기
4.3 채널별 콘텐츠 전략, 효과적으로 세우는 법

제4장
온라인 채널 선택, 어디서 시작할까?

4.1 네이버 블로그, Instagram, TikTok… 당신의 플랫폼은?

온라인 마케팅의 성공은 적합한 플랫폼을 선택하는 데 달려 있습니다. 모든 플랫폼에 다 투자하기는 어렵기 때문에, 식당의 고객층과 목표에 가장 적합한 채널을 선택하고 집중적으로 운영하는 것이 중요합니다. 이 섹션에서는 각 플랫폼의 특성과 활용 전략을 소개하며, 챗GPT를 활용해 최적의 선택을 할 수 있는 방법을 안내합니다.

1. 주요 온라인 플랫폼의 특징과 활용법

1) 네이버 블로그

특징

- 검색엔진 최적화(SEO)를 통해 고객이 네이버 검색에서 쉽게 식당을 발견할 수 있습니다.
- 긴 형식의 콘텐츠와 상세 정보 제공에 유리.

적합 대상

- 지역 고객층을 타깃으로 하는 식당.
- 신뢰감을 주는 자세한 정보 제공이 필요한 브랜드.

활용 전략

- 상세한 메뉴 설명, 고객 후기, 방문 후기, 프로모션 정보 게시.
- 키워드 분석을 통해 효과적인 포스팅 작성.

2) Instagram

특징

- 시각적 콘텐츠 중심: 고화질의 음식 사진과 분위기 있는 이미지를 통해 고객의 관심을 끌 수 있습니다.
- 해시태그와 위치 태그를 통해 노출 범위를 확장.

적합 대상

- 젊은 세대(20~40대)를 주요 고객층으로 하는 식당.
- 시각적으로 매력적인 음식과 공간을 가진 브랜드.

활용 전략

- 트렌디한 음식 사진, 릴스(Reels) 활용.
- 이벤트와 팔로워 참여형 콘텐츠(예: 인증샷 챌린지).

3) TikTok

특징

- 짧고 창의적인 동영상 중심으로 빠르게 바이럴 효과를 얻을 수 있습니다.
- 젊은 세대(10~30대)의 사용률이 높음.

적합 대상

- 재미있고 독특한 브랜드 이미지를 만들고 싶은 식당.
- 젊은 세대 고객층 확대를 목표로 하는 브랜드.

활용 전략

- 음식 제조 과정, 트렌디한 도전(Challenge) 콘텐츠 제작.
- 인기 있는 음악과 해시태그 활용.

4) 카카오톡 채널

특징

- 고객과의 직접적인 소통이 가능하며, 알림톡, 이벤트 초대 등을 통해 고객 관리에 유리.
- 예약, 이벤트 공지, 쿠폰 발행에 효과적.

적합 대상

- 단골 고객 관리에 집중하고 싶은 브랜드.
- 간단한 소통과 정보를 전달하고 싶은 식당.

활용 전략

- 쿠폰, 프로모션 알림 발송.
- 고객 리뷰 및 문의 대응.

5) Facebook

특징

- 다양한 연령층을 대상으로 콘텐츠를 게시할 수 있는 다목적 플랫폼.
- 지역 커뮤니티 기반 활동에 유리.

적합 대상

- 지역 주민 대상 마케팅을 강화하고 싶은 식당.
- 이벤트와 커뮤니티 활동 중심의 브랜드.

활용 전략

- 이벤트 페이지 생성, 지역 광고 캠페인 운영.

2. 어떤 플랫폼을 선택할까?

Step 1: 고객 분석

고객의 연령대, 라이프스타일, 온라인 활동 패턴을 파악합니다.

예: 20~30대 고객이 많다면 Instagram과 TikTok에 집중.

Step 2: 마케팅 목표 설정

신규 고객 유치, 브랜드 인지도 강화, 고객 관리 등 목표에 따라 플랫폼을 선택합니다.

예: 브랜드 인지도를 강화하려면 Instagram, TikTok.

Step 3: 리소스와 효율성 평가

운영 가능한 예산과 시간을 고려합니다.

예: 콘텐츠 제작에 시간이 부족하다면 간단한 텍스트 기반의 카카오톡 채널 활용.

3. 챗GPT를 활용한 플랫폼 선택과 전략 수립

Step 1: 플랫폼 추천

챗GPT에 질문을 입력해 적합한 플랫폼을 추천받을 수 있습니다.

예:

"우리 식당은 젊은 고객층을 타깃으로 하고, 음식의 비주얼이 강점입니다. 어떤 온라인 플랫폼을 활용하면 좋을지 추천해줘."

결과:

Instagram과 TikTok 추천.

사진과 영상 중심의 콘텐츠로 브랜드를 홍보할 것을 제안.

Step 2: 콘텐츠 아이디어 브레인스토밍

예:

"Instagram에서 활용할 음식 사진 콘텐츠 아이디어를 제안해줘."

결과:

"메뉴별 비하인드 스토리: 요리 과정, 재료 설명."

"식당 분위기를 담은 사진과 테이블 세팅 팁."

Step 3: 플랫폼별 구체적인 실행 전략

예:

"네이버 블로그에서 검색 순위를 높이기 위한 포스팅 전략을 제안해줘."

결과:

"키워드 포함: '홍대 맛집', '신선한 재료', '브런치 추천'."

"블로그 글 구조: 도입부(문제 제기) → 본문(메뉴 및 서비스 소개) → 결론(CTA)."

4. 챗GPT 프롬프트 예시

- "우리 식당의 고객층(20~30대, 비주얼 중심)을 타깃으로 한 적합한 온라인 플랫폼을 추천해줘."
- "TikTok에서 활용할 음식 제조 과정 영상 아이디어를 제안해줘."
- "네이버 블로그에서 효과적인 키워드와 글 구조를 만들어줘."
- "Instagram에서 팔로워를 늘릴 수 있는 이벤트 아이디어를 알려줘."
- "카카오톡 채널에서 단골 고객을 위한 소통 전략을 추천해줘."
- "각 플랫폼별 콘텐츠 방향성을 비교 분석해줘."
- "SNS 광고를 통해 신규 고객을 유치할 수 있는 문구와 디자인 아이디어를 만들어줘."

5. 기대 효과

효율적인 자원 활용

적합한 플랫폼 선택으로 시간과 비용을 절약합니다.

고객 접근성 향상

고객이 가장 많이 활동하는 채널에서 효과적으로 브랜드를 노출합니다.

매출 및 인지도 증대

고객의 관심을 끌어 매출과 브랜드 인지도를 높일 수 있습니다.

결론

적합한 플랫폼 선택은 온라인 마케팅 성공의 출발점입니다. 고객층과 목표에 맞는 채널을 선택하고, 챗GPT를 활용해 전략을 세워보세요. 올바른 선택과 실행만으로도 당신의 식당은 온라인에서 더 많은 고객의 주목을 받을 수 있습니다.

4.2 타깃 고객층이 가장 많이 모이는 곳 찾기

온라인 마케팅의 핵심은 타깃 고객층이 가장 많이 활동하는 채널을 찾아 집중적으로 공략하는 것입니다. 고객이 선호하는 플랫폼을 정확히 파악하면, 효율적으로 리소스를 활용하며 마케팅 효과를 극대화할 수 있습니다. 이 섹션에서는 타깃 고객층이 모이는 곳을 찾는 방법과 챗GPT를 활용한 전략을 소개합니다.

1. 타깃 고객층 분석이 필요한 이유

효율적인 마케팅 자원 배분

고객이 가장 자주 사용하는 플랫폼에 집중 투자할 수 있습니다.
예: 20~30대는 Instagram, TikTok, 40대 이상은 네이버 블로그.

맞춤형 콘텐츠 제공

각 플랫폼에 적합한 콘텐츠 형식을 제작해 고객의 관심을 끌 수 있습니다.

전환율 향상

고객이 주로 활동하는 곳에서 브랜드를 노출하면 더 높은 참여와 전환을 기대할 수 있습니다.

2. 타깃 고객층이 모이는 곳을 찾는 방법

Step 1: 고객 특성 정의

고객의 연령대, 직업, 라이프스타일, 관심사를 구체적으로 설정합니다.

예:

"20~30대 여성, 건강한 음식에 관심, 사진 찍기 좋아함."

Step 2: 주요 플랫폼의 사용자 데이터 확인

- **Instagram:** 20~30대 중심, 비주얼 콘텐츠에 반응이 높음.
- **TikTok:** 10~30대, 짧고 재미있는 동영상 선호.
- **네이버 블로그:** 30~40대 이상, 상세한 정보 탐색에 적합.
- **Facebook:** 다양한 연령층, 지역 커뮤니티 활동에 유리.
- **카카오톡 채널:** 전 연령대, 단골 고객 관리에 효과적.

Step 3: 설문조사와 고객 피드백 활용

설문조사나 고객 인터뷰를 통해 그들이 주로 사용하는 플랫폼을 직접 물어보세요.

예:

- "어떤 소셜 미디어를 가장 자주 사용하시나요?"
- "우리 식당 소식을 어디에서 접하시나요?"

Step 4: 경쟁사 분석

경쟁사가 활동하는 플랫폼을 분석하여 유사 고객층이 있는지 확인합니다.

예:

"경쟁 식당이 Instagram에서 팔로워를 많이 확보하고 있다면, 같은 채널을 활용."

3. 챗GPT를 활용한 타깃 고객층 분석

챗GPT는 타깃 고객층의 특성을 분석하고, 그들이 활동하는 플랫폼을 추천하는 데 유용합니다.

Step 1: 타깃 고객층 정의

예:

"우리 식당의 주요 고객은 20~30대 여성입니다. 그들이 가장 많이 사용하는 소셜 미디어를 추천해줘."

결과:

추천 플랫폼: Instagram, TikTok.

추천 이유: "20~30대 여성은 비주얼 중심의 콘텐츠와 트렌디한 동영상을 선호합니다."

Step 2: 고객 활동 분석

예:

“우리 고객은 건강한 음식을 좋아합니다. 그들이 어떤 플랫폼에서 정보를 얻을 가능성이 높은지 제안해줘.”

결과:

추천 플랫폼: Instagram, 네이버 블로그.

활용 전략: “건강한 레시피와 재료 정보를 담은 비주얼 콘텐츠와 블로그 포스팅을 병행하세요.”

Step 3: 경쟁사와 비교 분석

예:

“우리와 비슷한 카테고리의 경쟁 식당은 주로 어떤 플랫폼에서 활동하고 있는지 알려줘.”

결과:

경쟁사가 Instagram과 TikTok에서 트렌디한 캠페인을 진행하고 있다면, 동일한 플랫폼에서 차별화된 콘텐츠 전략을 제안.

4. 고객 활동 플랫폼 파악을 위한 데이터 활용

1) Google Analytics, SNS 통계, 네이버 키워드 · 광고 · 블로그 통계

- **Google Analytics:** 웹사이트 방문자의 연령, 지역, 유입 경로 분석.
- **SNS 통계 도구:** Instagram Insights, Facebook Analytics 등에서 팔로워의 연령, 성별, 위치 분석.
- **네이버 키워드 통계:** 고객이 검색한 주요 키워드의 검색량, 클릭률, 전환율 등을 분석하여 인기 키워드와 트렌드를 파악.
- **네이버 광고 통계:** 네이버 검색 광고와 디스플레이 광고의 클릭 수, 노출 수, 전환율, 사용자 연령, 성별, 지역 데이터를 분석하여 광고 성과와 고객 활동을 추적.
- **네이버 블로그 통계:** 블로그 방문자의 연령, 성별, 위치, 유입 경로(검색, SNS, 외부 링크 등)와 게시글별 조회 수, 댓글, 공감 수를 분석하여 고객의 관심사와 활동 패턴을 파악.

2) 고객 설문조사

오프라인에서 QR 코드를 제공해 간단한 설문 참여 유도.

질문:

- "SNS에서 우리 식당을 팔로우하시나요?"
- "가장 선호하는 온라인 플랫폼은 무엇인가요?"

3) 챗GPT 기반 설문 질문 작성

예:

"고객이 선호하는 소셜 미디어를 조사하기 위한 설문 질문 리스트를 만들어줘."

결과:

"1. 가장 자주 사용하는 소셜 미디어는 무엇인가요?"

"2. 음식 사진이나 정보를 주로 어디에서 보시나요?"

5. 챗GPT 프롬프트 예시

- "우리 타깃 고객층(20~30대, 트렌디한 콘텐츠 선호)이 가장 자주 사용하는 플랫폼을 추천해줘."
- "고객 설문조사를 위한 질문 리스트를 만들어줘. 주제: 주로 사용하는 소셜 미디어."
- "건강한 음식을 선호하는 고객이 자주 활동하는 플랫폼과 콘텐츠 아이디어를 제안해줘."
- "경쟁 식당이 Instagram에서 성공한 이유를 분석하고, 우리 식당에 맞는 전략을 제안해줘."
- "우리 고객층에 적합한 소셜 미디어와 활용 전략을 비교해서 알려줘."

- “네이버 블로그를 통해 지역 고객을 타깃으로 마케팅하는 방법을 추천해줘.”
- “우리 식당의 고객층이 자주 사용하는 플랫폼에서 신규 고객을 유치할 전략을 세워줘.”

6. 기대 효과

정확한 타깃팅

고객이 자주 활동하는 플랫폼을 선택해, 더 높은 참여와 전환율을 얻을 수 있습니다.

효율적인 자원 사용

불필요한 채널에 예산과 시간을 낭비하지 않고, 효과적인 채널에 집중.

마케팅 성과 향상

고객 맞춤형 콘텐츠를 제공해 브랜드 신뢰도와 매출 증대.

결론

타깃 고객층이 활동하는 플랫폼을 정확히 파악하면, 온라인 마케팅의 성과를 극대화할 수 있습니다. 고객 분석, 설문조사, 경쟁사 데이터를 활용하고, 챗GPT의 도움을 받아 가장 적합한 채널을 선택하세요. 이제 당신의 식당은 고객이 가장 많이 모이는 곳에서 더 큰 주목을 받을 수 있습니다!

4.3 채널별 콘텐츠 전략, 효과적으로 세우는 법

온라인 마케팅에서 각 플랫폼(채널)은 고유한 특성과 강점을 가지고 있습니다. 따라서 한 플랫폼에서 성공한 콘텐츠 전략이 다른 플랫폼에서도 반드시 성공한다는 보장은 없습니다. 효과적인 콘텐츠 전략은 각 채널의 특성, 고객층, 목적에 맞춰 설계되어야 합니다.

이 섹션에서는 주요 채널별 콘텐츠 전략을 소개하고, 챗GPT를 활용해 식당에 최적화된 콘텐츠를 효과적으로 설계하는 방법을 안내합니다.

1. 채널별 콘텐츠 전략

1) 네이버 블로그

- **특징:** 긴 글 형식의 정보 중심 콘텐츠와 검색엔진 최적화(SEO)에 강점.
- **목표:** 상세한 정보 제공으로 신뢰 구축 및 검색 트래픽 확보.

콘텐츠 아이디어:

- 메뉴별 상세 설명 및 사진.

- 방문 후기(고객 리뷰 포함).
- 시즌별 프로모션 및 이벤트 소개.
- "XX 맛집 추천"과 같은 키워드 활용.

2) Instagram

- **특징:** 비주얼 중심 플랫폼, 사진과 짧은 동영상 콘텐츠 선호.
- **목표:** 음식과 공간의 매력을 시각적으로 어필하여 고객 유입.

콘텐츠 아이디어:

- 고화질 음식 사진, 테이블 세팅 이미지.
- 릴스(Reels)로 제작한 짧고 트렌디한 요리 과정 영상.
- 해시태그와 위치 태그를 활용한 참여형 이벤트(예: #홍대맛집 #디저트추천).

3) TikTok

- **특징:** 짧고 창의적인 동영상 플랫폼, 재미와 참여 유도 중심.
- **목표:** 젊은 세대와의 소통 및 바이럴 효과 극대화.

콘텐츠 아이디어:

- 인기 있는 트렌드에 맞춘 음식 관련 챌린지.
- "5초 만에 완성되는 요리 팁" 같은 짧고 임팩트 있는 콘텐츠.
- 식당 직원과 함께한 유머러스한 영상.

4) 카카오톡 채널

- **특징:** 1:1 고객 소통과 메시지 전달 중심.
- **목표:** 단골 고객 관리 및 예약, 프로모션 안내.

콘텐츠 아이디어:

- 예약 알림톡, 프로모션 쿠폰 발송.
- 고객 맞춤 메시지(생일 축하, 정기 이벤트 초대).
- 자주 묻는 질문(FAQ) 응답 콘텐츠.

5) Facebook

- **특징:** 다양한 연령층과 지역 커뮤니티 기반 활동에 적합.
- **목표:** 지역 고객과의 커뮤니케이션 및 이벤트 홍보.

콘텐츠 아이디어:

- 지역 행사 참여 후기와 사진 공유.
- 커뮤니티 게시물과 댓글로 고객과 소통.
- “좋아요 & 공유” 이벤트로 참여 유도.

2. 콘텐츠 제작을 위한 핵심 원칙

1) 고객 중심 콘텐츠 제작

고객이 원하는 정보를 제공하는 콘텐츠를 만드세요.
예: "이 근처 맛집 어디?" 같은 질문을 해결하는 글.

2) 채널에 맞는 형식 유지

Instagram에서는 사진과 짧은 동영상이 효과적이고, 네이버 블로그에서는 자세한 설명이 적합합니다.

3) 일관성 유지

브랜드 톤앤매너에 맞는 일관된 메시지를 모든 채널에서 전달하세요.
예: "정직한 재료와 신선함"이라는 메시지를 지속적으로 강조.

4) 고객 참여 유도

댓글, 공유, 해시태그 사용 등 고객이 콘텐츠에 참여할 수 있는 요소를 포함하세요.

3. 챗GPT를 활용한 콘텐츠 전략 설계

Step 1: 채널별 아이디어 생성

챗GPT에 간단히 질문해 각 채널에 적합한 콘텐츠 아이디어를 얻을 수 있습니다.

예:

"우리 식당은 네이버 블로그와 Instagram을 운영 중입니다. 각각에 맞는 콘텐츠 아이디어를 제안해줘."

결과:

- 네이버 블로그: "베스트셀러 메뉴 소개 포스팅", "시즌 한정 메뉴의 탄생 배경".
- Instagram: "메뉴 사진 릴스", "고객과 함께하는 인증샷 이벤트".

Step 2: 콘텐츠 일정표 생성

챗GPT를 활용해 월별 콘텐츠 계획을 수립할 수 있습니다.

예:

"Instagram과 TikTok에서 사용할 1개월 간의 콘텐츠 계획을 세워줘."

결과:

1주차: "신메뉴 소개 영상", "주방 비하인드 스토리".

2주차: "고객 리뷰 인증샷 공유", "음식 제조 과정 릴스".

Step 3: 캠페인 메시지 작성

챗GPT로 이벤트 및 캠페인 문구를 작성할 수 있습니다.

예:

"신규 팔로워를 위한 Instagram 이벤트 문구를 만들어줘."

결과:

"팔로우하고 댓글 남기면 추첨을 통해 5분께 무료 디저트를 드립니다! 🧁 "

4. 챗GPT 프롬프트 예시

- "우리 식당의 고객층(20~30대)을 겨냥한 Instagram 콘텐츠 아이디어를 만들어줘."
- "네이버 블로그에서 검색 순위를 높이기 위한 포스팅 주제를 추천해줘."
- "TikTok에서 활용할 트렌디한 음식 챌린지 아이디어를 제안해줘."
- "카카오톡 채널에서 고객 맞춤 메시지를 작성하는 방법을 알려줘."
- "우리 브랜드 톤앤매너에 맞는 Facebook 이벤트 메시지를 만들어줘."
- "SNS에서 사용 가능한 해시태그 리스트를 만들어줘."

- “월별 콘텐츠 계획을 Instagram과 TikTok 기준으로 제안해 줘.”

5. 기대 효과

고객 맞춤형 콘텐츠 제공

각 채널에 적합한 콘텐츠로 고객의 관심과 참여를 유도합니다.

브랜드 이미지 강화

일관된 톤앤매너로 신뢰를 얻고, 고객에게 기억되는 브랜드를 만듭니다.

마케팅 효율성 증대

플랫폼별로 최적화된 전략을 통해 더 많은 고객에게 효과적으로 도달합니다.

결론

각 채널별로 적합한 콘텐츠 전략을 수립하는 것은 온라인 마케팅 성공의 핵심입니다. 챗GPT를 활용해 아이디어를 도출하고 계획을 체계적으로 세우면, 고객과의 소통을 강화하고 더 많은 참여와 매출을 이끌어낼 수 있습니다. 적합한 채널에서 정확한 메시지를 전달해 보세요. 고객은 당신의 식당을 더 특별하게 기억할 것입니다.

제5장

모든 마케팅은 콘텐츠에서 시작된다

제5장

모든 마케팅은 콘텐츠에서 시작된다

5.1 메뉴 소개, 이벤트, 후기 등 고객을 끌어당길 콘텐츠 기획

온라인 마케팅에서 콘텐츠는 고객과 브랜드를 연결하는 가장 중요한 매개체입니다. 특히 식당의 경우 메뉴, 이벤트, 후기와 같은 콘텐츠는 고객의 관심을 끌고 행동으로 이어지게 만드는 핵심 요소입니다. 이 섹션에서는 식당에 적합한 콘텐츠 기획 아이디어와 챗GPT를 활용해 이를 효과적으로 개발하는 방법을 안내합니다.

1. 콘텐츠 기획의 중요성

고객의 관심 끌기

맛있는 메뉴 사진, 흥미로운 이벤트 정보는 고객의 첫 클릭을 유도합니다.

신뢰와 공감 형성

고객 후기와 진솔한 스토리는 고객과의 정서적 연결을 강화합니다.

행동 유도

할인, 한정 이벤트와 같은 콘텐츠는 고객을 행동(방문, 예약)으로 이끕니다.

2. 콘텐츠 유형별 기획 방법

1) 메뉴 소개 콘텐츠

목적: 음식의 매력을 시각적으로 보여주고 고객의 방문 욕구를 자극합니다.

내용 구성:

- 고화질 음식 사진과 요리 과정 영상.
- 재료의 신선함과 독창적인 조리법 강조.
- 메뉴와 연관된 스토리텔링 추가.

예:

"이 스테이크는 매일 아침 공수한 1등급 한우를 정성껏 숙성시켜 만듭니다."

2) 이벤트 콘텐츠

목적: 고객의 참여와 관심을 유도하여 브랜드 인지도를 높입니다.

내용 구성:

- 프로모션 정보(할인, 1+1, 무료 음료 등).
- 이벤트 참여 방법과 기간 명시.
- 당첨자 후기와 리워드 이미지 공유.

예:

"지금 팔로우하고 댓글을 남기면 추첨을 통해 3분께 무료 디저트 세트를 드립니다! 🍰 "

3) 고객 후기 콘텐츠

목적: 고객의 긍정적인 경험을 공유해 신뢰도를 높입니다.

내용 구성:

- 고객 리뷰와 방문 사진 게시.
- "고객이 가장 좋아하는 메뉴"와 같은 데이터 활용.
- 후기 이벤트로 더 많은 리뷰 유도.

예:

"지난주에 방문하신 김OO 고객님께서 '스테이크가 정말 완벽했다'고 리뷰를 남겨주셨습니다. 감사합니다!"

4) 비하인드 스토리 콘텐츠

목적: 식당의 철학과 인간적인 면모를 보여줍니다.

내용 구성:

- 주방에서 요리가 준비되는 모습.
- 셰프나 직원의 인터뷰.
- 식당 창업의 이야기나 메뉴 개발 과정.

예:

"이 파스타는 우리 셰프가 이탈리아에서 배운 정통 레시피를 기반으로 탄생했습니다."

5) 계절 및 테마 콘텐츠

목적: 시즌이나 특별한 날에 맞춘 콘텐츠로 고객의 흥미를 끌어

냅니다.

내용 구성:

- 계절별 신메뉴, 한정 메뉴 소개.
- 발렌타인데이, 크리스마스와 같은 이벤트에 맞춘 테마 메뉴.

예:

"겨울 한정 메뉴: 따뜻한 크림 랍스터 수프와 함께 따뜻한 시간을 보내세요! 🦞 "

3. 콘텐츠 기획 시 고려해야 할 요소

고객 중심

고객이 필요로 하는 정보나 흥미를 끌 만한 콘텐츠 제작.
예: "가족 모임에 적합한 식당"에 대한 정보 제공.

브랜드 이미지와 일관성 유지

브랜드의 톤앤매너를 유지하며 메시지를 전달.

참여와 공유 유도

해시태그 캠페인, 댓글 이벤트, 공유 이벤트 등 참여를 유도할 수 있는 요소 포함.

4. 챗GPT를 활용한 콘텐츠 기획 방법

Step 1: 콘텐츠 아이디어 브레인스토밍

예:

"우리 식당은 건강한 재료를 사용한 요리가 강점입니다. 이를 강조할 수 있는 Instagram 콘텐츠 아이디어를 만들어줘."

결과:

"오늘의 신선한 재료 소개 포스팅."

"건강한 재료로 만든 스무디 레시피 영상."

Step 2: 이벤트 문구 작성

예:

"네이버 블로그에서 사용할 신메뉴 출시 이벤트 문구를 작성해줘."

결과:

"신메뉴 출시 기념 이벤트! 댓글로 메뉴 이름을 맞추면 추첨을 통해 무료 시식 기회를 드립니다."

Step 3: 후기 콘텐츠 활용

예:

"우리 식당에서 최근 작성된 고객 리뷰를 활용해 SNS 콘텐츠를 만들어줘."

결과:

"고객님께서 '이곳의 스테이크는 정말 환상적이에요!'라고 남겨주셨어요. 여러분도 맛보러 오세요!"

Step 4: 시즌별 콘텐츠 계획

예:

"여름 시즌에 맞춘 이벤트와 콘텐츠 아이디어를 추천해줘."

결과:

"여름 스페셜 메뉴 출시: 시원한 망고 스무디."

"팔로워와 함께하는 여름 해시태그 캠페인."

5. 챗GPT 프롬프트 예시 - 칸나칼국수 사례

- "칸나칼국수의 시그니처 메뉴인 닭구이 칼국수를 맛있게 소개할 수 있는 SNS 콘텐츠 아이디어를 만들어줘."
- "추운 겨울철, 칸나칼국수에서 즐길 수 있는 따뜻한 메뉴를 강조한 홍보 문구를 추천해줘."
- "고객들이 칭찬한 칸나칼국수의 서비스와 맛을 바탕으로 한 블로그 포스팅 주제를 제안해줘."
- "숯불에 구운 닭갈비와 깊은 사골 육수의 조화를 강조한 SNS 릴스 콘텐츠 아이디어를 알려줘."

- "칸나칼국수의 오픈 초기 어려움을 극복한 비하인드 스토리를 담은 콘텐츠 기획 아이디어를 제안해줘."
- "칸나칼국수의 '가성비 좋은 고품질 한 끼' 이미지를 강조하는 포스팅 문구를 작성해줘."
- "칸나칼국수에서 첫 방문 고객을 위한 환영 이벤트 아이디어를 만들어줘."
- "가족 단위 고객이 칸나칼국수를 선택하게 만드는 감성적인 콘텐츠 아이디어를 제안해줘."
- "칸나칼국수의 대표 메뉴를 재료와 맛의 특징으로 분석해 소개할 블로그 포스팅 주제를 제안해줘."
- "점심시간 웨이팅을 유도할 수 있는 재미있는 SNS 게시물 아이디어를 생각해줘."

6. 기대 효과

고객의 관심과 참여 증가

매력적인 콘텐츠로 고객의 참여와 공유를 유도할 수 있습니다.

브랜드 이미지 강화

메뉴와 서비스의 매력을 강조해 브랜드의 신뢰도와 인지도를 높입니다.

매출 증가

프로모션과 이벤트를 통해 더 많은 고객 유입과 판매를 유도합니다.

결론

콘텐츠는 고객과의 첫 소통 창구이며, 효과적인 콘텐츠 기획은 고객의 관심을 끌고 브랜드를 강화하는 중요한 역할을 합니다. 챗GPT를 활용해 효율적으로 아이디어를 생성하고, 이를 다양한 형식으로 활용해 보세요. 당신의 식당은 단순한 식사 공간을 넘어 특별한 이야기를 가진 브랜드로 자리 잡을 수 있습니다.

5.2 월별 · 주별로 체계적인 마케팅 캘린더 만들기

마케팅 성공의 첫걸음은 체계적인 계획입니다. 월별 · 주별 마케팅 캘린더는 다양한 채널과 활동을 효율적으로 관리할 수 있도록 돕습니다. 이를 통해 중요한 이벤트를 놓치지 않고, 일관된 메시지를 전달하며, 시간과 자원을 최적화할 수 있습니다.

이 섹션에서는 마케팅 캘린더를 구성하는 방법과, 이를 챗GPT로 쉽게 생성하고 관리하는 방법을 안내합니다.

1. 마케팅 캘린더의 중요성

일관된 메시지 전달

시즌, 이벤트, 프로모션을 중심으로 메시지를 통합하고 고객에게 일관된 경험을 제공합니다.

시간과 자원 관리

미리 계획함으로써 콘텐츠 제작, 프로모션 준비에 필요한 리소스를 효율적으로 사용합니다.

성과 측정 가능

일정에 따라 활동을 기록하고, 이를 기반으로 결과를 분석해 다음 계획을 개선할 수 있습니다.

2. 월별 · 주별 캘린더 구성 요소

1) 월별 계획

목표 설정: 매출 증대, 신규 고객 유치, 브랜드 인지도 강화 등.

주요 활동:

- 월간 프로모션(예: 봄 신메뉴 출시).
- 시즌별 이벤트(예: 여름 휴가철 할인).
- 콘텐츠 테마(예: "가을 제철 재료 이야기").

2) 주별 계획

콘텐츠 배포 일정:

- SNS 게시물 업로드(Instagram, TikTok).
- 블로그 포스팅(네이버 블로그).

고객 참여 활동:

- 리뷰 이벤트.

- 해시태그 캠페인.

3. 마케팅 캘린더 제작 방법

Step 1: 주요 이벤트와 시즌 정리

- 월별 이벤트 정리: 발렌타인데이, 어린이날, 추석, 크리스마스 등.
- 시즌별 캠페인: 봄맞이 신메뉴 출시, 여름 시원한 음료 프로모션.

Step 2: 채널별 일정 배정

- **Instagram:** 매주 화요일과 금요일에 릴스 게시.
- **네이버 블로그:** 매월 첫째 주와 셋째 주에 포스팅 업로드.
- **TikTok:** 매주 1회 트렌드 콘텐츠 업로드.

Step 3: 콘텐츠 제작 및 예약 관리

미리 제작한 콘텐츠를 일정에 맞춰 예약 게시하거나, 실시간으로 업로드.

4. 챗GPT를 활용한 마케팅 캘린더 생성

Step 1: 월간 계획 수립

챗GPT를 활용해 월별 주요 이벤트와 활동을 정리할 수 있습니다.

예:

"우리 식당의 3월 마케팅 캘린더를 만들어줘. 주요 활동은 봄 신메뉴 출시, 고객 리뷰 이벤트, Instagram 릴스 업로드입니다."

결과:

날짜	활동	채널	목표
3월 1일	봄 신메뉴 사진 업로드	Instagram	신메뉴 홍보
3월 5일	고객 리뷰 이벤트 공지	카카오톡 채널	고객 참여 유도
3월 10일	신메뉴 제조 과정 릴스 업로드	Instagram, TikTok	고객 호기심 자극
3월 15일	신메뉴 후기를 활용한 블로그 글 작성	네이버 블로그	신뢰도 강화

Step 2: 주간 콘텐츠 계획

예:

"다음 주 Instagram과 TikTok 콘텐츠 계획을 세워줘. 신메뉴와 고객 참여를 강조해줘."

결과:

월요일: 신메뉴 소개 이미지 업로드(Instagram).

수요일: 신메뉴 제조 과정 릴스 업로드(TikTok).

금요일: 고객 인증샷 이벤트 안내(Instagram).

Step 3: 캠페인 세부 계획 작성

예:

“4월 중순에 진행할 ‘봄맞이 할인 이벤트’를 포함한 마케팅 캘린더를 작성해줘.”

결과:

4월 10일: 할인 이벤트 공지(카카오톡, Instagram).

4월 15일: 이벤트 관련 고객 참여 릴스 업로드(TikTok).

4월 20일: 할인 이벤트 종료 및 고객 감사 메시지 전송(카카오톡).

5. 챗GPT 프롬프트 예시 - 제주갈치 충민정 사례

- “‘제주갈치조림과 구이 전문점 충민정’의 1개월 마케팅 캘린더를 만들어줘. 주요 활동: 여름 한정 특별 이벤트: 제주 갈치구이 세트 소개, Instagram 릴스를 활용한 메뉴 조리 과정 소개, 고객 리뷰 이벤트 기획.”
- “‘충민정’의 주간 콘텐츠 계획을 세워줘. 채널: Instagram, TikTok. 주제: 신메뉴 제주갈치조림 홍보. 예: 릴스에는 조리

장면과 맛있는 한 상을 강조하고, TikTok에는 짧고 재미있는 스토리텔링을 포함."

- "'충민정'의 월간 주요 프로모션과 블로그 글 주제를 포함한 캘린더를 작성해줘. 예: '제주 갈치의 신선함의 비밀' 블로그 글과 함께 여름 한정 특별 이벤트를 통한 제주 갈치구이 세트 홍보."
- "'충민정'의 계절별 캠페인을 중심으로 한 연간 마케팅 캘린더를 만들어줘. 예: 봄에는 제주갈치 어린이 세트, 여름에는 특별 이벤트를 통한 제주 갈치 세트, 가을에는 지역 농산물과의 콜라보, 겨울에는 따뜻한 갈치조림 프로모션."
- "Instagram 릴스를 포함한 주간 콘텐츠 계획을 구체적으로 작성해줘. 예: 월요일 제주갈치조림 조리 장면 릴스, 수요일 고객 리뷰를 활용한 릴스, 금요일 제주 바다와 갈치의 신선함을 강조한 스토리."
- "'충민정'의 주요 이벤트를 기반으로 한 월별 마케팅 목표와 활동 리스트를 만들어줘. 예: 8월에는 제주 갈치구이 세트 판매 10% 증가 목표와 이를 위한 프로모션, SNS 홍보, 블로그 글 작성 계획."
- "'충민정'의 제주갈치조림 한상 차림을 소개하는 콘텐츠 아이디어를 작성해줘. 예: Instagram 릴스에서 반찬을 포함한 한상 차림의 디테일을 강조하거나, 블로그 글로 제주 갈치조림 한상의 맛과 가치를 상세히 설명."

6. 기대 효과

효율적인 시간 관리

사전 계획으로 콘텐츠 제작 및 실행 시간을 절약.

고객 참여와 매출 증가

정기적인 콘텐츠와 이벤트로 고객의 지속적인 관심과 방문 유도.

성과 분석과 개선 용이

기록된 활동을 기반으로 결과를 분석하고 다음 계획을 개선.

결론

체계적인 마케팅 캘린더는 모든 마케팅 활동을 구조화하고, 일정에 따라 실행 가능하도록 돕습니다. 챗GPT를 활용하면 손쉽게 계획을 세우고, 고객 참여와 브랜드 강화를 위한 효과적인 콘텐츠를 만들 수 있습니다. 월별 · 주별로 구체적인 목표와 활동을 계획하여 성공적인 마케팅을 시작해 보세요!

5.3 챗GPT로 빠르게 콘텐츠 아이디어 브레인스토밍

콘텐츠는 온라인 마케팅의 핵심입니다. 하지만 새로운 아이디어를 계속 만들어내는 것은 쉽지 않은 도전입니다. 챗GPT는 빠르고 효과적으로 콘텐츠 아이디어를 생성하는 데 도움을 줄 수 있는 도구입니다. 이 섹션에서는 챗GPT를 활용해 콘텐츠 아이디어를 브레인스토밍하는 방법과 그 활용 사례를 소개합니다.

1. 챗GPT를 활용한 콘텐츠 아이디어 브레인스토밍의 장점

시간 절약

짧은 시간 안에 다수의 아이디어를 생성할 수 있습니다.

다양한 관점 제시

챗GPT는 다양한 관점에서 창의적이고 참신한 아이디어를 제공합니다.

즉각적인 실행 가능성

생성된 아이디어를 바로 실행 가능한 콘텐츠로 전환할 수 있습니다.

2. 챗GPT를 활용한 콘텐츠 브레인스토밍 프로세스

Step 1: 구체적인 요청 입력

챗GPT에 명확하고 구체적인 정보를 제공하면 더욱 효과적인 결과를 얻을 수 있습니다.

예:

"우리 식당은 신선한 재료를 사용하는 것이 강점입니다. Instagram과 TikTok에서 활용할 콘텐츠 아이디어를 제안해줘."

Step 2: 다양한 형식과 주제 요청

챗GPT는 텍스트, 이미지, 영상 등 다양한 형식의 콘텐츠 아이디어를 제안할 수 있습니다.

예:

텍스트 기반: "네이버 블로그에 게시할 글 제목 아이디어를 만들어줘."

영상 기반: "TikTok에서 신선한 재료를 강조하는 릴스 아이디어를 제안해줘."

Step 3: 특정 이벤트나 캠페인 초점

특정 이벤트나 시즌에 맞춘 아이디어를 요청하면 관련성 높은 콘텐츠를 생성할 수 있습니다.

예:

"발렌타인데이 프로모션을 홍보할 Instagram 콘텐츠 아이디어를 만들어줘."

3. 주요 콘텐츠 카테고리별 아이디어 브레인스토밍

1) 메뉴 소개 콘텐츠

- "이번 주 인기 메뉴 3가지 추천 릴스 영상."
- "신선한 재료의 비밀: 요리사가 말하는 최상의 맛을 내는 비법."
- "고객이 가장 많이 사랑한 메뉴의 비하인드 스토리."

2) 이벤트 콘텐츠

- "댓글로 나만의 요리 조합을 남기면, 최고의 조합을 선정해 무료로 제공."
- "좋아요 & 팔로우 이벤트: 무료 음료 쿠폰 증정."
- "매주 금요일, 첫 10팀에게 특별 디저트 증정."

3) 고객 후기 콘텐츠

- "고객 리뷰 중 가장 인상 깊었던 리뷰를 읽어보세요."
- "고객이 올려준 인증샷을 활용한 '고객 사진 갤러리' 릴스."
- "고객님의 이야기를 담은 '리뷰로 만든 메뉴북'."

4) 시즌 및 테마 콘텐츠

- "가을을 담은 호박 라떼 출시 영상."
- "겨울 한정 크리스마스 스페셜 메뉴를 소개합니다."
- "여름 시즌을 위한 시원한 칵테일 3종."

5) 브랜드 스토리 콘텐츠

- "우리 식당의 요리 철학과 창업자의 이야기."
- "식당의 하루: 주방과 홀의 따뜻한 풍경."
- "우리가 사용하는 재료의 여정: 농장에서 고객님의 테이블까지."

4. 챗GPT 프롬프트 예시

- "Instagram에서 칸나칼국수 대표메뉴 '숯불 닭구이 칼국수'를 홍보할 감각적인 콘텐츠 아이디어를 제안해줘. 예: 재료 소개, 조리 과정, 맛 표현."
- "네이버 블로그에 게시할 칸나칼국수의 계절 한정 메뉴 '여름 냉칼국수' 소개 글 제목 아이디어를 추천해줘. 계절감과 맛의

특징을 강조해줘."

- "칸나칼국수 고객 리뷰를 활용한 콘텐츠 아이디어를 5가지 제안해줘. 예: 고객의 리뷰를 이미지와 함께 소개하거나 릴스로 제작."
- "칸나칼국수의 발렌타인데이 특별 메뉴인 '닭구이 한 그릇 세트'를 홍보할 트렌디한 Instagram 콘텐츠 아이디어를 알려줘. 로맨틱한 분위기를 살려줘."
- "카카오톡 채널에서 칸나칼국수 고객들에게 보낼 맞춤형 메시지 아이디어를 추천해줘. 예: 첫 방문 고객 할인, 계절 한정 메뉴 안내."
- "봄 시즌을 겨냥해 칸나칼국수의 '사골 건강 칼국수'를 중심으로 건강한 음식 캠페인 콘텐츠 아이디어를 제안해줘. 자연스러운 재료와 건강한 이미지를 강조해줘."
- "Instagram 릴스에서 칸나칼국수의 '숯불 닭구이 칼국수'를 조리 과정 중심으로 홍보할 콘텐츠 아이디어를 3가지 제안해줘. 음악이나 트렌디한 해시태그도 포함해줘."
- "네이버 블로그에 칸나칼국수의 인기 메뉴 '닭구이 칼국수'를 소개하며, 메뉴 탄생 배경과 고객 리뷰를 담은 글의 구성을 제안해줘."
- "봄철 단체 고객을 겨냥한 칸나칼국수의 프로모션 이벤트 콘텐츠 아이디어를 만들어줘. 예: 단체 방문 할인, 단체 후기 이벤트."

5. 챗GPT로 생성된 콘텐츠 아이디어 사례

사례 1: 메뉴 소개 콘텐츠

요청:

"Instagram에서 사용할 인기 메뉴 소개 콘텐츠 아이디어를 제안해 줘."

결과:

"우리 레스토랑의 인기 No.1 메뉴! 🛎️ 정성 가득한 스테이크로 완벽한 저녁을 만들어 보세요."
"비 오는 날 딱 어울리는 따뜻한 수프, 여러분도 한 그릇 하실래요?"

사례 2: 이벤트 콘텐츠

요청:

"다음 주에 진행할 SNS 이벤트 아이디어를 만들어줘."

결과:

"팔로워 1만 돌파 기념 이벤트 📢 댓글로 친구를 태그하면 추첨을 통해 무료 음료 쿠폰 증정!"
"고객 인증샷 릴레이! 우리 메뉴를 가장 잘 찍은 사진을 선정해 디저트 세트 제공."

사례 3: 시즌 콘텐츠

요청:

"가을 메뉴를 강조할 콘텐츠 아이디어를 제안해줘."

결과:

"가을이 선사한 달콤함, 호박 파이와 함께하는 오후."
"따뜻한 크림 스프 한 그릇으로 가을 감성을 느껴보세요."

6. 기대 효과

콘텐츠 아이디어의 다변화

반복된 콘텐츠에서 벗어나 새롭고 창의적인 아이디어를 제공합니다.

시간 절약

빠르게 다수의 아이디어를 생성해 바로 실행 가능한 콘텐츠로 전환할 수 있습니다.

고객 참여와 반응 증대

고객이 좋아할 만한 콘텐츠를 효과적으로 제작해 참여율과 매출 증가를 기대할 수 있습니다.

결론

챗GPT를 활용하면 콘텐츠 아이디어를 빠르고 창의적으로 브레인스토밍할 수 있습니다. 플랫폼별, 시즌별, 이벤트별로 맞춤형 콘텐츠를 설계해 고객과의 소통을 강화하세요. 고객의 관심을 끌고 브랜드를 성장시키는 첫걸음은 바로 새롭고 매력적인 콘텐츠입니다. 챗GPT와 함께 성공적인 마케팅을 시작하세요!

제6장

눈에 띄는 이미지를 만들어라

제6장

눈에 띄는 이미지를 만들어라

6.1 고객의 시선을 사로잡는 로고와 메뉴 사진

온라인 마케팅에서 시각적 요소는 고객의 관심을 끄는 데 핵심적인 역할을 합니다. 특히 로고와 메뉴 사진은 브랜드의 첫인상을 결정짓는 요소로, 고객이 식당을 선택하는 데 직접적인 영향을 미칩니다. 이 장에서는 매력적인 로고와 고품질 메뉴 사진을 제작하는 방법, 그리고 챗GPT를 활용해 이를 효과적으로 구현하는 방법을 안내합니다.

1. 고객의 시선을 사로잡는 로고 디자인

1) 로고의 중요성

- **브랜드의 얼굴:** 로고는 식당의 이미지를 한눈에 보여주는 역할을 합니다.
- **기억에 남는 식당:** 독창적인 로고는 고객의 기억 속에 오래 남습니다.
- **일관성 유지:** 로고는 메뉴판, 간판, SNS, 광고 등 모든 채널에서 사용됩니다.

2) 매력적인 로고의 요소

- **단순함:** 복잡하지 않고 직관적으로 이해되는 디자인.
- **관련성:** 식당의 콘셉트와 음식 스타일을 반영.
  예: 피자가 전문이라면 피자 조각을 형상화한 로고.
- **색상 심리:** 색상은 고객의 감정에 영향을 줍니다.
  예: 빨간색(열정, 식욕 자극), 초록색(신선함, 건강).
- **스케일링 가능성:** 로고가 큰 간판에서도, 작은 모바일 화면에서도 똑같이 잘 보여야 합니다.

3) 챗GPT 활용하기

예:

"우리 식당은 건강한 재료를 사용하는 비건 레스토랑입니다. 로고 디자인에 대한 아이디어를 제안해줘."

결과:

- 잎사귀와 포크가 결합된 심볼.
- 초록색과 갈색을 주요 색상으로 활용해 자연 친화적인 느낌 강조.
- 손글씨 스타일 폰트로 따뜻함 전달.

2. 고객의 입맛을 자극하는 메뉴 사진

1) 메뉴 사진의 중요성

- **첫인상 제공**: 음식 사진은 고객의 첫인상을 좌우합니다.
- **결정 촉진**: 고객이 메뉴를 선택하는 데 중요한 역할을 합니다.
- **SNS에서 공유 가능**: 매력적인 사진은 고객의 SNS에서 공유될 가능성이 높아집니다.

2) 좋은 메뉴 사진의 조건

- **빛의 활용**: 자연광이나 소프트한 조명을 사용해 음식을 돋보이게 만듭니다.
- **구도와 배경**: 단순한 배경과 깔끔한 구도로 음식에 집중.
  예: 우드 테이블 위의 플레이트, 밝은 대리석 배경.
- **컬러 강조**: 음식의 신선한 색상을 돋보이게 조정.
- **디테일 포착**: 음식의 텍스처와 디테일을 강조.

예: 샐러드의 신선한 채소, 치즈의 녹아내리는 질감.

3) 스마트폰으로 촬영할 때 팁

- **빛의 방향:** 측면 또는 약간 뒤에서 빛을 비추면 음식의 입체감 증가.
- **촬영 각도:** 위에서 찍거나 음식과 같은 높이에서 찍어 다양한 뷰 제공.
- **보정 활용:** 간단한 앱(예: Snapseed, Lightroom)을 사용해 밝기와 색상 조정.

4) 챗GPT 활용하기

예:

"우리 식당의 파스타 사진을 더 매력적으로 촬영하기 위한 아이디어를 제안해줘."

결과:

파스타 접시 위에 파르메산 치즈를 갈아내는 순간을 캡처.
밝은 대리석 테이블 위에 레드와인 한 잔과 함께 세팅.
신선한 바질 잎으로 색상과 디테일 강조.

3. 로고와 사진 제작 도구 추천

1) 로고 제작 도구

- Canva: 초보자도 쉽게 로고를 제작할 수 있는 사용자 친화적 도구.
- Adobe Illustrator: 전문가용 로고 제작 도구로 높은 커스터마이징 가능.
- FreeLogoDesign: 기본적인 로고 디자인을 빠르게 완성.

2) 사진 편집 도구

- Snapseed: 스마트폰에서 쉽게 사진을 편집.
- Adobe Lightroom: 세밀한 색상 및 밝기 조정.
- Canva: 간단한 텍스트 추가 및 레이아웃 편집.

4. 챗GPT를 활용한 이미지 아이디어 브레인스토밍

Step 1: 로고 디자인 아이디어

예:

"우리 식당은 이탈리안 퓨전 요리를 제공합니다. 로고 디자인에 적합한 아이디어를 제안해줘."

결과:

토마토와 포크가 결합된 심볼.

빨간색과 흰색으로 이탈리아 국기 색상 활용.

Step 2: 메뉴 사진 촬영 아이디어

예:

"우리 스테이크 메뉴를 돋보이게 촬영할 방법을 추천해줘."

결과:

잘 익은 스테이크를 자르는 순간을 캡처.

와인 한 잔과 함께 세팅해 고급스러운 분위기 연출.

Step 3: SNS에 적합한 비주얼 콘텐츠

예:

"Instagram에서 사용할 메뉴 사진 콘텐츠 아이디어를 제안해줘."

결과:

"오늘의 메뉴 추천" 시리즈로 매일 다른 메뉴 사진 업로드.

테이블 세팅과 함께한 고객 인증샷 콜라주.

5. 챗GPT 프롬프트 예시 - 뱅뱅막국수 예시

- "'뱅뱅막국수'의 브랜드 철학을 반영한 로고 디자인 아이디어를 제안해줘. (만약 브랜드 철학을 모르면, '브랜드 철학이 무엇인지 알려주시겠어요?'라고 질문해줘.)"
- "Instagram에서 활용할 매력적인 메뉴 사진 촬영 아이디어를 추천해줘."
- "신메뉴 새롭게 개발한 새우기름막국수를 돋보이게 하기 위한 사진 촬영 구성과 소품 아이디어를 제안해줘."
- "네이버 블로그에 적합한 로고와 사진 활용법을 알려줘."
- "사진 촬영 후 보정할 때 집중해야 할 부분을 정리해줘."
- "SNS에서 고객의 시선을 사로잡는 음식 사진 주제를 제안해줘."
- "로고와 메뉴 사진을 활용한 광고 디자인 방향을 알려줘."

6. 기대 효과

고객의 첫인상 강화

매력적인 로고와 사진으로 고객의 관심을 끌고 방문 욕구를 자극합니다.

SNS에서 공유 가능성 증대

시각적으로 매력적인 콘텐츠는 고객의 자발적인 공유를 유도합니다.

브랜드 정체성 확립

일관된 로고와 사진 스타일로 브랜드 이미지를 강화합니다.

결론

고객의 시선을 사로잡는 로고와 메뉴 사진은 단순한 시각적 요소가 아니라 브랜드 성공의 핵심 도구입니다. 챗GPT와 같은 도구를 활용해 창의적인 아이디어를 얻고, 효과적으로 구현하세요. 매력적인 비주얼은 고객을 끌어들이고 브랜드의 가치를 더 빛나게 할 것입니다.

6.2 인테리어와 공간 연출을 시각적으로 매력적으로 보여주는 방법

온라인에서 식당의 성공 여부는 음식뿐만 아니라 공간의 분위기와 인테리어를 어떻게 보여주느냐에 달려 있습니다. 고객은 식당을 단순히 음식을 먹는 장소가 아니라 특별한 경험을 제공하는 공간으로 인식하기를 원합니다. 매력적인 공간 연출 사진은 방문 욕구를 자극하고, SNS에서 공유될 가능성을 높입니다.

이 섹션에서는 식당의 인테리어와 공간을 시각적으로 매력적으로 보여주는 방법과 챗GPT를 활용해 이를 더욱 효과적으로 연출하는 팁을 소개합니다.

1. 인테리어와 공간 연출의 중요성

첫인상 강화

온라인에서 식당을 처음 접하는 고객에게 공간의 분위기는 중요한 평가 요소입니다.

예: 따뜻하고 아늑한 공간은 가족 고객에게 어필, 트렌디한 공간은 젊은 층에 어필.

SNS에서의 바이럴 효과

매력적인 공간은 고객이 사진을 찍어 SNS에 공유하도록 유도합니다.

브랜드 이미지 강화

독특한 인테리어와 연출은 브랜드의 정체성을 전달합니다.

2. 매력적인 공간 연출 사진 제작 방법

1) 조명 활용

- **자연광 사용:** 가능한 한 자연광을 활용해 공간의 따뜻함과 개방감을 강조합니다.

- **소프트 조명:** 저녁 시간 촬영에는 부드러운 간접 조명을 사용해 아늑한 분위기를 연출합니다.

2) 구도와 앵글

- **대칭과 선:** 공간의 대칭적 구도를 강조해 정돈된 이미지를 제공합니다.
  예: 테이블 배치가 대칭적으로 보이도록 촬영.

- **다양한 앵글:** 정면 샷, 높은 각도, 낮은 각도 등 다양한 시점에서 공간을 보여줍니다.

3) 디테일 강조

- **소품 활용:** 테이블 세팅, 조명, 벽 장식 등 인테리어의 작은 디테일을 강조합니다.
  예: 벽에 걸린 그림이나 식탁 위의 신선한 꽃다발.

- **메인 포인트:** 공간의 주요 요소(예: 바 테이블, 포토존)를 돋보이게 합니다.

4) 색상과 스타일

- **색상 일치:** 브랜드의 톤앤매너와 일치하는 색상을 강조합니다.
  예: 따뜻한 색조를 사용해 아늑함을 강조하거나, 모던한 흑백 톤으로 세련됨을 표현.

- **스타일 일관성:** 빈티지, 미니멀리즘, 고급스러움 등 브랜드 콘셉트와 일관되게 연출합니다.

5) 고객 참여 유도

- **포토존:** 고객이 사진을 찍고 싶어 하는 특별한 공간을 만듭니다.
  예: 독특한 벽화, 조명 설치.

3. 촬영과 보정 팁

1) 촬영 팁

- **스마트폰 활용:** 최신 스마트폰은 고화질 사진 촬영이 가능하며, 간단한 구도와 조명 설정으로도 충분히 매력적인 결과를 얻을 수 있습니다.

- **카메라 설정:** ISO와 화이트밸런스를 조정해 공간의 색상을 자연스럽게 표현합니다.

- **황금 시간대:** 아침이나 오후 늦은 시간의 따뜻한 자연광에서 촬영.

2) 보정 팁

보정 도구:

- **Lightroom:** 색상과 밝기를 세밀하게 조정.
- **Snapseed:** 밝기, 대비, 색온도를 간단히 조정.
- **보정 강도 조절:** 자연스러움을 유지하며 과도한 보정을 피합니다.

4. 챗GPT를 활용한 인테리어 연출 아이디어

Step 1: 공간 사진 촬영 아이디어

예:

"우리 식당은 따뜻하고 아늑한 인테리어가 강점입니다. 공간을 매력적으로 촬영할 방법을 추천해줘."

결과:

- 부드러운 조명을 활용해 테이블 세팅과 벽의 장식을 강조.
- 낮은 각도로 테이블에서 벽 쪽을 향한 구도로 촬영해 아늑한 분위기 표현.
- 고객이 대화를 나누는 자연스러운 순간을 포착.

Step 2: 포토존 연출 아이디어

예:

"우리 식당에 포토존을 만들고 싶습니다. 독특한 공간 연출 아이디어를 제안해줘."

결과:

- 초록 식물을 활용한 벽면 장식과 네온 조명을 결합.
- 손글씨 스타일의 브랜드 메시지를 벽에 추가해 독특함 강조.

Step 3: SNS 콘텐츠 아이디어

예:

"우리 인테리어 사진을 Instagram에 활용할 콘텐츠 아이디어를 만들어줘."

결과:

"테이블 위에서 내려다본 플랫레이 사진."

"고객들이 가장 사랑하는 코너를 소개하는 릴스."

"특별한 공간에서의 고객 인증샷 갤러리."

5. 챗GPT 프롬프트 예시 - 사누끼우동 전문점 묘오또 방배점 사례

- "'사누끼우동 전문점 묘오또 방배점'의 모던 젠 스타일 인테리어를 촬영하기 위한 구도와 소품 활용 아이디어를 제안해줘."
- "Instagram에서 활용할 묘오또 방배점의 와비사비(Wabi-Sabi) 스타일 인테리어와 공간 연출 콘텐츠 아이디어를 추천해줘."
- "묘오또 방배점의 따뜻한 조명과 와비사비(Wabi-Sabi) 스타일을 강조할 수 있는 사진 촬영 팁을 알려줘."
- "SNS에 공유될 만한 묘오또 방배점의 독특한 모던 젠 스타일 포토존 연출 방법을 제안해줘."

- “묘오또 방배점의 모던 젠 스타일 인테리어 사진 보정 팁을 알려줘.”
- “고객의 관심을 끌 수 있는 묘오또 방배점 모던 젠 스타일 공간 디테일 강조법을 제안해줘.”
- “묘오또 방배점 모던 젠 스타일 공간 사진을 활용해 광고를 제작할 때 주의해야 할 점을 알려줘.”

6. 기대 효과

고객 유치 증가

매력적인 공간 사진은 방문 욕구를 자극하고, SNS에서 공유를 유도합니다.

브랜드 이미지 강화

독특한 인테리어와 연출은 브랜드의 고유한 매력을 전달합니다.

SNS 참여 증대

포토존과 매력적인 공간은 고객의 자발적인 SNS 게시물을 증가시킵니다.

결론

식당의 인테리어와 공간 연출은 고객 경험의 중요한 일부입니다. 매력적으로 연출된 공간 사진은 고객의 눈길을 끌고 브랜드에 대한 긍정적인 인식을 강화합니다. 챗GPT를 활용해 창의적인 아이디어를 얻고, 시각적 콘텐츠로 고객의 마음을 사로잡으세요. 고객이 SNS에 자발적으로 공유하는 공간을 만들어 더 큰 주목을 받으세요!

6.3 챗GPT로 SNS 게시물 문구 초안 작성

SNS 마케팅에서 성공적인 게시물은 매력적인 이미지와 함께 강렬한 문구가 결합될 때 가능합니다. 그러나 매번 새로운 아이디어로 고객의 관심을 끄는 문구를 작성하는 것은 쉽지 않은 도전입니다. 챗GPT는 간단한 입력만으로도 SNS에 적합한 문구 초안을 빠르게 작성하도록 도와줍니다.

1. 효과적인 SNS 게시물 문구의 요소

짧고 간결한 메시지

긴 문장 대신 짧고 핵심적인 문구로 주제를 전달합니다.
예: "오늘은 신선한 파스타 한 접시 어때요?"

행동을 유도하는 Call to Action (CTA)

고객이 행동하도록 유도하는 문구를 포함합니다.
예: "댓글로 친구를 태그하고 특별 쿠폰을 받아보세요!"

감정 자극

고객이 공감하거나 감동할 수 있는 감정적인 표현을 사용합니다.
예: "이 한 접시에 담긴 따뜻한 추억을 경험해 보세요."

해시태그 활용

관련 키워드로 해시태그를 포함하여 게시물의 도달 범위를 확장합니다.

예: #맛집추천 #파스타러버

시각적 연상 자극

문구만으로도 음식이나 공간이 떠오르도록 묘사합니다.

예: "바삭한 크러스트 위에 녹아내리는 치즈, 한 조각의 완벽함을 만나보세요."

2. 챗GPT를 활용한 SNS 문구 작성 방법

Step 1: 간단한 정보 제공

챗GPT에 음식, 이벤트, 공간 등 게시물 주제에 대해 간단히 알려줍니다.

예:

"우리 식당은 신선한 재료로 만든 파스타가 주력입니다. Instagram 게시물 문구를 작성해줘."

결과:

"신선한 재료로 만든 오늘의 파스타 🍕 당신의 테이블에 신선함을 담아드립니다. 지금 방문해 보세요! #파스타맛집 #신선한재료"

Step 2: 특정 스타일 요청

특정한 분위기나 톤을 요구하면 더욱 맞춤형 문구를 작성할 수 있습니다.

예:

"젊고 트렌디한 분위기를 강조하며, 신규 디저트 출시를 홍보할 Instagram 문구를 만들어줘."

결과:

"트렌디한 디저트, 그 이상! 🍜 이번 주만 만나볼 수 있는 한정판 '초코 퐁당 타르트'를 지금 맛보세요. 놓치면 후회할 맛! #디저트성지 #트렌디맛집"

Step 3: Call to Action 추가

행동을 유도하는 요소를 포함시켜 주세요.

예:

"Instagram 이벤트를 홍보하는 문구를 만들어줘. 당첨자에게 무료 쿠폰을 제공할 예정이야."

결과:

"이벤트 알림! 📢 지금 댓글에 친구를 태그하면 추첨을 통해 무료 디저트 쿠폰을 드립니다. 맛있는 디저트를 함께 즐겨요! 🍰 #디저트이벤트 #맛집추천"

3. 게시물 유형별 챗GPT 활용 예시

1) 메뉴 소개

예:

“오늘의 추천 메뉴로 신선한 스테이크를 홍보할 Instagram 문구를 작성해줘.”

결과:

“뜨겁게 구운 완벽한 스테이크 한 조각 육즙 가득한 맛을 지금 경험해 보세요! 오늘의 특별 추천 메뉴입니다. #스테이크맛집 #오늘의추천”

2) 이벤트 홍보

예:

“발렌타인데이 스페셜 이벤트를 소개하는 Instagram 문구를 만들어줘.”

결과:

“❤ 사랑하는 사람과 함께하는 특별한 하루! 발렌타인데이 한정 디너 세트와 무료 와인 한 잔이 준비되어 있습니다. 예약 서두르세요! #발렌타인데이 #로맨틱디너”

3) 고객 후기 활용

예:

“고객 리뷰를 활용해 SNS 게시물을 만들어줘.”

결과:

“우리의 스테이크, 고객님도 인정! ’육즙이 완벽하고, 정말 맛있어요.’ 여러분도 이 맛을 경험해 보세요! #리뷰맛집 #스테이크추천”

4) 계절 프로모션

예:

“여름 시즌 한정 음료를 홍보할 문구를 작성해줘.”

결과:

“여름을 담은 시원한 청량감! 한정판 망고 라씨와 함께 더위를 날려보세요. 이번 여름, 꼭 맛봐야 할 필수 음료! #여름음료 #한정판”

5) 공간 및 인테리어 소개

예:

“우리 식당의 포토존을 홍보할 Instagram 문구를 만들어줘.”

결과:

"이곳에서 사진 한 장, 추억 한 컷 📷 독특한 포토존에서 당신만의 특별한 순간을 기록하세요. #감성맛집 #포토존맛집"

4. 챗GPT 프롬프트 예시 - 뱅뱅막국수 사례

- "참기름막국수의 맛과 건강함을 강조하며 고객의 관심을 끌 Instagram 게시물 문구를 작성해줘."
- "뱅뱅막국수 고객 리뷰를 기반으로 1000자 분량의 블로그 글을 작성해줘. 글은 친근한 어조로 작성하며, 고객 경험과 메뉴의 특징을 상세히 설명하는 리뷰형 글로 구성해줘."
- "뱅뱅막국수 카카오톡 채널에서 사용할 이벤트 알림 메시지를 추천해줘. 메시지는 간결하고 직관적으로 작성하며, 고객에게 특별한 혜택과 참여를 유도할 수 있는 내용을 포함해줘."
- "2025년 봄 특별 버전의 트러플 참기름막국수를 홍보할 Instagram 게시물 문구를 작성해줘."
- "2025년 여름 특별 버전의 흑임자 참기름막국수를 강조한 Instagram 게시물 문구를 작성해줘."
- "뱅뱅막국수의 계절별 추천 메뉴를 홍보할 Facebook 게시물 문구를 작성해줘."
- "따뜻하고 전통적인 분위기의 뱅뱅막국수 매장을 강조한 SNS 문구를 만들어줘."

- "발렌타인데이 뱅뱅막국수 예약 홍보를 위한 간결한 Instagram 문구를 작성해줘."

5. 기대 효과

시간 절약

창의적인 아이디어를 빠르게 얻어 게시물 제작 시간을 단축할 수 있습니다.

다양한 톤앤매너 활용

고객층에 맞는 다양한 스타일의 문구를 쉽게 생성할 수 있습니다.

높은 고객 참여율 유도

감각적이고 행동을 유도하는 문구로 고객의 반응을 높일 수 있습니다.

결론

챗GPT를 활용하면 SNS에 적합한 문구를 빠르고 쉽게 작성할 수 있습니다. 주제와 스타일에 맞는 요청만 하면, 다양한 플랫폼에서 사용할 수 있는 문구를 생성해 마케팅의 효율성을 높일 수 있습니다. 고객의 시선을 끌고, 더 많은 참여를 이끌어내는 문구로 당신의 식당을 더욱 돋보이게 만들어보세요!

제7장

검색엔진 최적화(SEO), 고객을 찾아오게 하라

제7장

검색엔진 최적화(SEO), 고객을 찾아오게 하라

7.1 네이버 검색어(키워드) 선정부터 최적화된 글 작성법

검색엔진 최적화(SEO)는 온라인 마케팅에서 고객을 식당으로 유도하는 핵심 전략입니다. 특히 네이버는 국내 사용자들이 주로 이용하는 검색 플랫폼으로, 효과적인 키워드 선정과 최적화된 글 작성을 통해 검색 상위 노출을 달성할 수 있습니다. 이 장에서는 네이버 SEO의 기본 개념과 실질적인 글 작성법을 소개하고, 챗GPT를 활용한 SEO 전략을 제안합니다.

1. 네이버 검색엔진 최적화의 중요성

검색 트래픽 확보

고객이 검색을 통해 쉽게 식당 정보를 찾을 수 있어 방문 확률이 높아집니다.

신뢰도 향상

검색 상위에 노출되면 식당에 대한 신뢰가 증가합니다.

지속적인 마케팅 효과

한 번 작성된 글은 장기적으로 고객을 유도하는 역할을 합니다.

2. 효과적인 키워드 선정 방법

Step 1: 고객 관점에서 생각하기

고객이 검색할 만한 키워드를 예상해 보세요.

예: “강남 브런치 맛집”, “신선한 해산물 레스토랑”, “데이트하기 좋은 레스토랑”.

Step 2: 키워드 도구 활용

네이버 키워드 도구:

네이버 광고 플랫폼에서 제공하는 키워드 도구를 사용해 검색량과 경쟁률을 확인합니다.

관련 검색어 분석:

네이버 검색창에 키워드를 입력해 자동 완성어와 관련 검색어를 확인합니다.

Step 3: 긴 키워드 활용

단순한 키워드보다 구체적인 롱테일 키워드를 활용하세요.

예: "강남 데이트 레스토랑 저녁 추천", "홍대 브런치 맛집 아늑한 카페".

3. SEO에 최적화된 글 작성법

1) 제목 구성

주요 키워드를 제목에 포함합니다.

예: "홍대 브런치 맛집 추천 | 신선한 재료로 만든 아침 메뉴."

2) 글의 구조

도입부:

문제 제기 및 키워드 포함.

예: "홍대에서 여유로운 브런치를 즐기고 싶으신가요?"

본문:

구체적인 정보와 키워드 활용.

예: "홍대 XX 카페는 신선한 재료로 매일 아침 브런치를 준비합니다."

결론:

행동 유도(Call to Action).

예: "지금 예약하시고 특별 할인 혜택을 받아보세요!"

3) 키워드 밀도 관리

자연스럽게 키워드를 글에 4~5회 반복하지만, 과도하게 사용하지 마세요.

4) 멀티미디어 활용

사진(키워드로 검색하여 상위에 노출된 블로그에서 사진의 수를 확인합니다), 동영상(사진만 넣는 것보다 동영상을 추가하는 것이 상위 노출에 유리합니다), 지도 등 시각적 요소를 추가해 가독성을 높이고 정보를 풍부하게 만듭니다.

5) 태그와 메타디스크립션

글의 태그에 키워드를 포함하고, 요약 문구(메타디스크립션)에 주요 키워드를 사용합니다.

4. 챗GPT를 활용한 SEO 글 작성

Step 1: 키워드 추천

예:

"강남 브런치 맛집 관련 SEO 글을 쓰고 싶습니다. 추천 키워드를 제안해줘."

결과:

강남 브런치 카페 추천

강남 데이트하기 좋은 브런치 맛집

강남 브런치 메뉴 후기

Step 2: 글 구조 작성

예:

"네이버 블로그용으로 '홍대 브런치 맛집' 키워드를 활용한 SEO 글 초안을 작성해줘."

결과:

- **제목:** "홍대 브런치 맛집 | 신선한 재료로 만든 아침 메뉴"

- **도입부:** “홍대에서 여유로운 아침을 즐기고 싶으신가요? 오늘은 홍대 최고의 브런치 카페를 소개합니다.”
- **본문:** “홍대 XX 카페는 아늑한 인테리어와 신선한 재료로 만든 브런치 메뉴가 인기입니다. 특히 ‘프렌치 토스트’와 ‘에그 베네딕트’는 필수 메뉴로 손꼽힙니다.”
- **결론:** “지금 방문 예약을 하시면 아메리카노 1잔을 무료로 제공합니다. 지금 바로 경험해 보세요!”

Step 3: 키워드 최적화 확인

예:

“다음 글에서 ‘강남 브런치 맛집’ 키워드 사용이 자연스러운지 확인하고 수정해줘.”

챗GPT는 키워드 밀도와 문맥을 확인하고 최적화된 형태로 수정해줍니다.

5. 챗GPT 프롬프트 예시 - 사누끼우동 전문점 묘오또 방배점 사례

- “‘사누끼우동 전문점 묘오또 방배점’에 맞는 SEO 키워드를 추천해줘. 주제: 방배동 우동 맛집.”
- “네이버 검색 최적화를 위한 블로그 글 초안을 작성해줘. 키워드: 방배동 사누끼우동.”
- “다음 키워드를 활용한 SEO 글의 제목과 도입부를 작성해줘.

키워드: 서울 정통 사누끼우동."

- "SEO 글에서 사용할 롱테일 키워드를 5개 제안해줘. 주제: 일본 정통 우동 맛집."
- "SEO를 고려해 '겨울 한정 사누끼우동'을 홍보할 블로그 글을 작성해줘."
- "SEO 최적화를 위한 네이버 블로그 글의 전체 구조를 만들어줘. 주제: 묘오또 방배점 추천 메뉴."
- "'묘오또 방배점' 대표메뉴에 맞는 SEO 태그와 메타디스크립션을 작성해줘.(대표메뉴를 모르는 경우 질문해 줘)"

6. 기대 효과

검색 상위 노출

최적화된 글로 고객이 검색 시 쉽게 찾을 수 있습니다.

고객 유입 증가

키워드와 관련된 검색 결과에서 고객의 클릭을 유도합니다.

브랜드 신뢰도 상승

검색 상위에 위치한 글은 고객에게 더 신뢰감을 줍니다.

결론

네이버 검색엔진 최적화(SEO)는 온라인 마케팅의 필수 전략입니다. 효과적인 키워드 선정과 최적화된 글 작성으로 검색 상위 노출을 달성하세요. 챗GPT를 활용해 SEO 글을 빠르고 쉽게 작성하고, 고객이 당신의 식당을 찾도록 만드세요. 검색 결과에서 눈에 띄는 콘텐츠로 더 많은 고객을 유치할 수 있습니다!

7.2 클릭을 부르는 네이버 블로그 제목과 구조 만들기

네이버 블로그에서 성공적인 콘텐츠는 매력적인 제목과 체계적인 글 구조에서 시작됩니다. 고객의 클릭을 유도하는 제목과 가독성을 높이는 구조를 설계하면, 검색 엔진에서의 노출도 증가하고, 더 많은 고객이 식당 정보를 확인하게 됩니다. 이 장에서는 효과적인 제목 작성법과 글 구조를 설계하는 방법을 소개하며, 챗GPT를 활용해 이를 최적화하는 방법을 제안합니다.

1. 클릭을 부르는 블로그 제목 작성법

1) 제목에 주요 키워드 포함

제목에 고객이 검색할 가능성이 높은 키워드를 자연스럽게 포함합니다.

예: "강남 브런치 맛집", "홍대 파스타 추천".

2) 고객의 관심을 끄는 요소 추가

• **감정적인 표현:** "꼭 가봐야 할", "숨겨진", "감동적인".

예: "홍대에서 꼭 가봐야 할 브런치 맛집 TOP 3"

• **구체적인 정보:** "TOP 3", "추천 메뉴".

예: "강남 파스타 맛집 추천 | 트러플 크림 파스타가 일품!"

3) 긴 제목보다 간결하게

한눈에 정보를 이해할 수 있도록 제목을 간결하게 작성합니다.

예: "부산 해산물 맛집 | 신선함을 담은 추천 레스토랑".

4) 특수문자와 강조 활용

쉼표(,)나 슬래시(/) 등을 사용해 정보를 나누어 강조합니다.

예: "가을 한정 메뉴, 강남 스테이크 맛집 추천!"

2. 가독성을 높이는 블로그 글 구조

1) 글의 전체적인 구성

제목

주요 키워드와 매력적인 문구로 클릭 유도.

도입부

고객이 글을 읽을 이유를 제시합니다.

예: "오늘은 강남에서 브런치를 즐기고 싶은 분들을 위해 추천 맛집을 소개합니다."

본문

주요 정보와 사진을 포함하여 상세히 설명합니다.

소제목 활용: 내용을 구분하고 키워드를 포함.

예: "1. 분위기 좋은 브런치 카페", "2. 인기 메뉴 추천".

결론

고객 행동을 유도하는 문구(Call to Action).

예: "지금 방문하셔서 브런치와 함께 특별한 하루를 즐겨보세요!"

2) 시각적 요소 활용

소제목과 리스트:

글의 흐름을 정리하고 가독성을 높입니다.

예: "추천 메뉴 TOP 3", "방문 시 유의 사항".

사진 포함:

메뉴 사진, 공간 사진 등 비주얼 요소로 흥미를 유발합니다.

3) 키워드 밀도 관리

자연스럽게 주요 키워드를 포함하며, 중복 사용을 피합니다.

예: "강남 브런치 맛집"을 글 중간중간 사용.

3. 챗GPT를 활용한 제목과 구조 설계

Step 1: 제목 생성

예:

"강남 브런치 맛집을 소개하는 블로그 글 제목을 5개 제안해줘."

결과:

"강남 브런치 맛집 추천 | 아늑한 카페에서 특별한 아침"
"강남에서 꼭 가봐야 할 브런치 카페 TOP 3"
"강남 브런치 맛집 | 신선한 재료로 만든 인기 메뉴!"
"데이트에 딱! 강남 브런치 레스토랑 추천"
"강남 브런치 맛집 | 분위기와 맛 모두 잡았다!"

Step 2: 글 구조 설계

예:

"네이버 블로그 글의 제목이 '강남 브런치 맛집 추천'일 때, 글 구조를 설계해줘."

결과:

도입부

"강남에서 맛있는 브런치를 즐기고 싶으신가요? 오늘은 분위기와 맛을 모두 만족시킬 브런치 맛집을 소개합니다."

본문

1. 아늑한 분위기의 브런치 카페
   - 사진 포함: 내부 인테리어 사진.
   - 간략한 설명: "이곳은 데이트와 모임에 최적화된 공간입니다."
2. 추천 메뉴
   - 사진 포함: 인기 메뉴 사진.
   - 상세 설명: "크로와상 샌드위치와 에그 베네딕트가 인기."
3. 위치 및 방문 팁
   - 간단한 지도 포함.
   - 주차 정보 및 예약 팁 제공.

결론

"강남에서의 특별한 아침을 원하신다면, 지금 바로 예약하고 방문해보세요!"

Step 3: 키워드 활용 검토

예:

"다음 글에서 '홍대 파스타 맛집' 키워드 사용이 적절한지 검토하고 수정해줘."

챗GPT는 키워드가 자연스럽게 사용되었는지 확인하고, 필요시 문장을 재구성해 줍니다.

4. 챗GPT 프롬프트 예시

- “SEO 최적화를 위한 네이버 블로그 글 제목 5가지를 제안해줘. 주제: 포항 영일대 홍게칼국수 맛집.”
- “네이버 블로그 글의 전체 구조를 설계해줘. 주제: 포항 영일대에서 꼭 가봐야 할 홍게칼국수 맛집.”
- “키워드 ‘포항 영일대 칼국수 맛집’을 활용한 매력적인 제목을 3개 만들어줘.”
- “추천 메뉴를 포함한 네이버 블로그 글의 소제목을 제안해줘. 주제: 영일대 바다 근처 홍게칼국수 맛집.”
- “SEO 최적화를 고려한 네이버 블로그 글 작성법을 요약해줘. 주제: 포항 영일대 홍게칼국수.”
- “소제목과 리스트를 활용한 블로그 글 구조를 만들어줘. 주제: 포항 영일대에서 맛보는 홍게칼국수의 진수.”
- “키워드 ‘영일대 칼국수 맛집’을 포함한 클릭 유도형 제목을 작성해줘.”

5. 기대 효과

클릭률 증가

고객이 검색 결과에서 당신의 글을 선택하도록 만듭니다.

SEO 최적화 달성

주요 키워드와 가독성 높은 구조를 통해 검색 상위에 노출됩니다.

고객 행동 유도

잘 작성된 글은 고객이 방문하거나 예약하도록 이끌 수 있습니다.

결론

네이버 블로그에서 클릭을 부르는 제목과 체계적인 구조는 SEO의 핵심입니다. 챗GPT를 활용해 키워드 중심의 제목과 고객의 흥미를 끄는 글 구성을 설계하세요. 매력적인 콘텐츠로 고객의 클릭을 유도하고, 검색 결과에서 돋보이는 글을 만들어보세요!

7.3 챗GPT로 손쉽게 네이버 블로그 글 초안 작성

네이버 블로그는 SEO(Search Engine Optimization)와 고객 유입 효과가 뛰어난 플랫폼입니다. 하지만 SEO를 고려한 블로그 글을 작성하는 것은 시간이 많이 들고 까다로울 수 있습니다. 챗GPT를 활용하면 간단한 입력만으로도 최적화된 블로그 글 초안을 빠르게 생성할 수 있습니다. 이 장에서는 챗GPT를 활용해 네이버 블로그 글을 작성하는 구체적인 방법을 안내합니다.

1. 챗GPT를 활용한 블로그 글 작성의 장점

시간 절약

글의 전체 구조와 내용을 빠르게 작성할 수 있습니다.

SEO 최적화

주요 키워드를 포함한 글을 작성하여 검색 상위 노출 가능성을 높입니다.

맞춤형 글 작성

원하는 톤앤매너와 스타일에 맞춘 글을 쉽게 생성할 수 있습니다.

2. 챗GPT로 네이버 블로그 글 작성하기

Step 1: 키워드와 주제 제공

글에서 다룰 주요 키워드와 주제를 챗GPT에 명확히 전달합니다.

예:

"홍대 브런치 맛집 추천"을 주제로 SEO 최적화된 블로그 글 초안을 작성해줘.

Step 2: 글 구조 요청

챗GPT는 체계적인 구조를 기반으로 글을 작성합니다.

결과:

제목:

"홍대 브런치 맛집 추천 | 신선한 재료와 아늑한 분위기의 카페"

도입부:

"홍대에서 여유로운 아침을 즐기고 싶으신가요? 오늘은 분위기와 맛 모두를 만족시킬 브런치 맛집 세 곳을 추천해 드립니다. 신선한 재료와 따뜻한 인테리어를 자랑하는 곳들로 특별한 하루를 시작해 보세요!"

본문:

아늑한 분위기의 XX 카페

"XX 카페는 아늑한 공간과 신선한 브런치 메뉴로 유명합니다. 특히 에그 베네딕트와 바질 페스토 샐러드는 이곳의 시그니처 메뉴입니다."
추천 메뉴 사진 포함.

트렌디한 XX 카페
"젊은 고객들에게 인기 있는 XX 카페는 트렌디한 인테리어와 다양한 음료 메뉴가 매력적입니다. 주말에는 예약 필수!"

위치와 예약 팁 제공.
건강한 맛을 자랑하는 XX 카페

"신선한 재료로 건강한 브런치를 제공하는 XX 카페는 샐러드와 스무디볼이 인기입니다. 건강을 생각하는 분들에게 추천드립니다."

결론:
"홍대에서 즐기는 특별한 브런치! 지금 방문하셔서 맛과 분위기를 모두 느껴보세요. 더 많은 정보를 원하시면 댓글로 질문해주세요!"

Step 3: SEO 최적화 검토
글 초안에 SEO 요소를 추가하거나 수정하도록 요청합니다.

예:
"글에 '홍대 브런치 맛집' 키워드를 2~3회 자연스럽게 추가하고 SEO 최적화 상태를 확인해줘."

결과:

키워드가 자연스럽게 도입부, 본문, 결론에 추가되고 과도한 반복 없이 최적화됩니다.

3. 챗GPT 활용한 다양한 요청 예시

1) 추천 글 작성

예:

"강남 스테이크 맛집 추천"을 주제로 네이버 블로그 글 초안을 작성해줘.

결과:

강남에서 꼭 가봐야 할 스테이크 맛집 3곳을 상세히 설명.

2) 이벤트 홍보 글 작성

예:

"봄 시즌 한정 메뉴를 홍보할 블로그 글 초안을 만들어줘."

결과:

봄 시즌 한정 메뉴의 특성과 사진을 포함한 프로모션 글 작성.

3) 고객 리뷰 활용 글 작성

예:

“고객 리뷰를 기반으로 ‘부산 해산물 맛집’ 관련 블로그 글을 작성해줘.”

결과:

고객 리뷰를 인용하며 신선한 해산물의 매력을 강조.

4) 계절 테마 글 작성

예:

“가을 한정 메뉴를 소개하는 블로그 글 초안을 작성해줘.”

결과:

가을 분위기를 강조한 신메뉴 소개와 테마 사진 활용.

4. 챗GPT 프롬프트 예시 - 서현순대 사례

- “‘서현 순대’에 맞는 SEO 최적화 블로그 글을 작성해줘. 주제: 서현 순대 맛집. 글에는 매장의 위치, 운영 시간, 대표메뉴, 고객 리뷰를 포함하고, 검색 시 눈에 띄는 키워드를 적절히 배치해줘.”
- “키워드 ‘분당 순대국 맛집’을 중심으로 SEO 최적화된 블로그 글 초안을 만들어줘. 글에는 맛의 특징, 매장의 청결도, 서비

스 만족도를 강조해줘."

- "키워드 '서현 순대국'을 포함한 클릭 유도형 제목을 작성해줘. 제목은 고객의 관심을 끌 수 있도록 간결하면서도 흥미롭게 작성해줘."
- "SEO 최적화를 고려한 고객 리뷰 기반 블로그 글 초안을 작성해줘. 주제: 서현 순대의 대표메뉴 소개. 글에는 실제 고객 리뷰를 활용하여 음식의 맛과 경험을 생생하게 전달하고, 키워드 배치를 최적화해줘."
- "다음 주말 이벤트를 홍보하는 네이버 블로그 글 초안을 작성해줘. 주제: 서현 순대에서 진행하는 테이크아웃 이벤트. 글에는 이벤트 참여 방법, 혜택, 기간을 구체적으로 포함하고, 고객의 참여를 유도하는 문구를 추가해줘."
- "키워드 '서현 순대 맛집 추천'을 활용한 글의 도입부를 작성해줘. 도입부는 매장의 특별한 점을 강조하고, 고객의 관심을 끌 수 있는 흥미로운 문장으로 시작해줘."

5. 기대 효과

블로그 글 작성 시간 단축

챗GPT를 활용해 구조화된 초안을 빠르게 생성할 수 있습니다.

SEO 최적화된 콘텐츠 생성

검색 상위 노출을 목표로 하는 글 작성이 용이합니다.

효율적인 고객 유입

매력적인 글로 더 많은 고객의 관심을 유도할 수 있습니다.

결론

챗GPT를 활용하면 네이버 블로그 글 초안을 빠르고 효율적으로 작성할 수 있습니다. SEO 최적화를 고려한 맞춤형 콘텐츠를 제작하여 검색 상위에 노출되고, 고객의 관심을 끄는 블로그 글을 작성하세요. 챗GPT의 도움으로 온라인 마케팅의 성과를 극대화할 수 있습니다!

제8장

고객 리뷰와 평판은 금이다

제8장

고객 리뷰와 평판은 금이다

8.1 긍정적인 리뷰를 자연스럽게 유도하는 비법

고객 리뷰와 평판은 식당의 성공을 좌우하는 중요한 요소입니다. 특히, 온라인 리뷰는 잠재 고객의 신뢰도를 높이고 방문 결정을 유도합니다. 긍정적인 리뷰는 자연스럽게 더 많은 고객을 불러오는 효과를 가지고 있습니다. 이 장에서는 고객으로부터 긍정적인 리뷰를 유도하는 실질적인 방법과, 이를 챗GPT를 활용해 실행하는 비법을 소개합니다.

1. 긍정적인 리뷰의 중요성

고객 신뢰도 향상

좋은 리뷰는 고객의 마음을 움직이며 식당에 대한 신뢰를 쌓습니다.

방문 결정 유도

다른 고객의 긍정적인 경험은 잠재 고객이 식당을 선택하는 데 영향을 미칩니다.

SEO 및 검색 노출 강화

네이버 지도, Google 리뷰 등에서 높은 평점은 검색 순위를 올리는 데 기여합니다.

2. 긍정적인 리뷰를 유도하는 실질적인 방법

1) 고객 경험 향상

친절한 서비스 제공:

직원의 따뜻한 인사와 세심한 배려가 리뷰로 이어질 확률을 높입니다.

청결한 환경 유지:

깨끗한 공간은 고객의 만족도를 크게 높입니다.

특별한 경험 제공:

생일 축하 메시지, 고객의 이름이 적힌 예약 카드 등 개인화된 경험을 제공합니다.

2) 리뷰 작성에 대한 동기 부여

리뷰 이벤트:

리뷰 작성 시 소정의 혜택을 제공합니다.

예: "리뷰를 남기면 다음 방문 시 아메리카노 1잔 무료 제공."

추첨 이벤트:

일정 기간 동안 리뷰를 작성한 고객 중 추첨을 통해 상품을 제공합니다.

3) 리뷰 요청 시점 최적화

고객이 식사를 마친 직후, 만족도가 높은 상태에서 리뷰를 요청합니다.

예: "고객님의 소중한 리뷰가 큰 도움이 됩니다. 간단히 남겨주시면 감사하겠습니다!"

4) QR코드 활용

QR코드를 통해 간편하게 리뷰를 남길 수 있도록 안내합니다.
예: 테이블에 리뷰 QR코드를 비치하거나 영수증에 포함.

5) 리뷰 플랫폼 다양화

고객이 자주 사용하는 플랫폼에 리뷰를 남길 수 있도록 유도합니다.
예: 네이버, Google 리뷰, Instagram.

3. 챗GPT를 활용한 리뷰 유도 전략

Step 1: 리뷰 요청 문구 작성

예:
"고객에게 리뷰 작성을 요청하는 친근한 문구를 작성해줘."

결과:
"맛있게 식사하셨나요? 📢 고객님의 소중한 리뷰가 저희에게 큰 힘이 됩니다! 지금 리뷰를 남겨주시면 다음 방문 시 특별한 혜택을 드립니다. 감사합니다!"

Step 2: 리뷰 이벤트 기획

예:

"리뷰 작성 이벤트 아이디어를 3가지 제안해줘."

결과:

"리뷰 작성 후 캡처 이미지를 보내주시면 10% 할인 쿠폰 제공!"
"베스트 리뷰 선정 이벤트: 한 달에 한 번, 가장 감동적인 리뷰를 작성한 고객에게 디저트 세트 증정."
"리뷰를 남기고 테이블에 공유하면 무료 음료 제공."

Step 3: QR코드 메시지 작성

예:

"QR코드를 통해 리뷰를 남길 때 사용할 안내 문구를 만들어줘."

결과:

"리뷰를 남기시면 특별한 혜택을 드립니다! QR코드를 스캔하고 소중한 의견을 남겨주세요. 감사합니다!"

Step 4: SNS와 연계한 리뷰 캠페인

예:

"리뷰와 Instagram 해시태그를 활용한 캠페인 아이디어를 만들어줘."

결과:
"리뷰를 작성하고 Instagram에 #XX맛집 해시태그와 함께 인증샷을 올리면 추첨을 통해 무료 식사 쿠폰을 드립니다!"

4. 챗GPT 프롬프트 예시 - 산타의돌짜장 사례

- "'산타의돌짜장' 고객이 쉽게 리뷰를 남길 수 있도록 안내하는 문구를 작성해줘. 문구는 친절하고 간단하게 작성하되, 리뷰 작성 플랫폼으로 직접 연결될 수 있는 QR 코드를 포함해줘."
- "리뷰 작성 시 혜택을 제공하는 이벤트 문구를 만들어줘. 예를 들어, '리뷰를 작성해주시면 짜장면 한 그릇 무료 쿠폰을 드립니다!'와 같은 실질적인 혜택을 강조해줘."
- "리뷰 플랫폼(네이버, Google 리뷰 등)에 따라 맞춤형 요청 메시지를 작성해줘. 네이버 리뷰는 '사장님의 정성 어린 짜장면 한 그릇에 대한 칭찬을 남겨주세요!', Google 리뷰는 '산타의돌짜장에서의 특별한 경험을 전 세계와 공유해보세요!'와 같이 각각의 톤에 맞게 작성해줘."
- "테이블에 비치할 리뷰 요청 안내 문구를 작성해줘. 예를 들어, '맛있게 드셨나요? 고객님의 리뷰는 저희에게 큰 힘이 됩니다. 테이블에 있는 QR 코드를 스캔하시면 바로 리뷰를 작성하실 수 있습니다.'와 같은 문구를 만들어줘."
- "'산타의돌짜장' 고객 리뷰를 활용해 Instagram에서 캠페인을 기획하는 방법을 알려줘. 예를 들어, '베스트 리뷰 사진 공유'

캠페인을 통해 고객 리뷰와 함께 짜장면 사진을 업로드하고, 가장 인기 있는 리뷰를 선정해 소정의 상품을 제공하는 이벤트를 기획해줘."

- "리뷰 작성 고객에게 제공할 혜택 아이디어를 5가지 제안해줘. 예를 들어, 1) 다음 방문 시 사용할 수 있는 무료 식사권, 2) 음료수 무료 제공, 3) 짜장면 추가 토핑 무료, 4) 리뷰 작성 고객 대상 월간 추첨 이벤트 참여권, 5) 테이크아웃 주문 시 무료 사이드 제공."
- "'산타의돌짜장'에서 베스트 리뷰를 선정하는 이벤트 계획을 세워줘. 이벤트는 매월 진행되며, 베스트 리뷰 고객에게는 가족 식사 무료 쿠폰을 제공하고, SNS에서 리뷰를 홍보하여 참여를 독려하는 방향으로 구체적인 실행 계획을 작성해줘."

5. 기대 효과

리뷰 수와 품질 향상

긍정적인 리뷰가 늘어나면서 식당의 평판이 개선됩니다.

고객 신뢰도 상승

리뷰를 통해 새로운 고객에게 신뢰를 주고 방문을 유도합니다.

SEO 강화 및 검색 노출 증가

리뷰 플랫폼에서의 높은 평점은 검색 상위 노출에 기여합니다.

결론

긍정적인 리뷰는 식당의 신뢰도를 높이고 더 많은 고객을 유치하는 데 중요한 역할을 합니다. 챗GPT를 활용해 고객에게 리뷰를 자연스럽게 요청하고, 창의적인 이벤트를 통해 리뷰 참여를 유도하세요. 고객의 리뷰는 단순한 피드백을 넘어, 브랜드 가치를 높이는 소중한 자산이 될 것입니다!

8.2 부정적인 리뷰도 현명하게 대응하는 매뉴얼

부정적인 리뷰는 모든 식당 운영자가 피하고 싶지만, 불가피하게 발생하는 문제입니다. 하지만 이를 적절히 대응한다면 단순히 위기를 넘기는 것을 넘어, 식당의 신뢰도를 높이고 고객과의 관계를 강화할 기회로 삼을 수 있습니다. 이 장에서는 부정적인 리뷰에 현명하게 대응하는 방법과 챗GPT를 활용해 대응 전략을 수립하는 방법을 안내합니다.

1. 부정적인 리뷰에 대응해야 하는 이유

브랜드 신뢰도 보호

고객의 부정적인 경험을 빠르게 해결하면 신뢰를 유지할 수 있습니다.

문제 해결과 개선

리뷰를 통해 식당의 약점을 파악하고 개선점을 찾을 수 있습니다.

다른 고객의 인식 변화

성숙하고 책임감 있는 대응은 다른 고객들에게 긍정적인 이미지를 전달합니다.

2. 부정적인 리뷰에 대응하는 원칙

1) 신속한 대응

리뷰를 확인한 후 가능한 한 빨리 답변을 작성하세요.
예: "불편을 드려 죄송합니다. 해당 문제를 바로 조사하겠습니다."

2) 방어적 태도 금지

고객의 의견에 반박하거나 변명하는 대신, 공감과 해결 의지를 보여줍니다.

- **잘못된 대응:** "우리 식당의 문제는 아니니 고객님이 오해하신 것 같습니다."

- **바람직한 대응:** "불편을 끼쳐 드려 정말 죄송합니다. 문제를 바로잡기 위해 노력하겠습니다."*

3) 구체적인 해결책 제시

문제 해결 방안을 구체적으로 제시하여 고객의 신뢰를 회복합니다.
예: "다음 방문 시 음료를 무료로 제공해 드리겠습니다."

4) 리뷰의 맥락 이해

고객의 리뷰가 감정적일 경우, 그 맥락을 이해하고 진정성 있는 답변을 제공합니다.

예: "소중한 의견 감사드립니다. 말씀하신 부분을 개선하기 위해 노력하겠습니다."

5) 공개와 비공개 대화의 균형 유지

공개적으로 답변을 작성한 후, 필요시 비공개로 연락을 요청하세요.

예: "더 자세한 내용을 논의하고 싶으시면 연락처를 남겨주세요. 적극적으로 도와드리겠습니다."

3. 부정적인 리뷰 대응 매뉴얼

Step 1: 리뷰 내용 분석

고객의 불만을 정확히 파악합니다.

예: 음식의 질, 서비스 태도, 대기 시간 등.

Step 2: 기본 답변 템플릿 준비

챗GPT를 활용해 상황별로 맞춤형 템플릿을 작성할 수 있습니다.

예:

"음식의 온도가 낮았다는 리뷰에 대한 적절한 답변을 작성해 줘."

결과:

"안녕하세요, 고객님. 소중한 의견 감사합니다. 음식 온도가 적절하지 않았던 점 진심으로 사과드립니다. 다음 방문 시 이러한 문제가 발생하지 않도록 주방팀과 긴밀히 논의하겠습니다. 다시 한 번 죄송하다는 말씀을 드리며, 고객님의 재방문을 기다리겠습니다."

Step 3: 해결책과 재방문 유도

리뷰의 문제를 해결한 후 고객이 재방문하도록 유도합니다.

예: "다음 방문 시 특별한 서비스를 제공해 드리겠습니다. 다시 한번 사과드립니다."

Step 4: 내부 개선 조치

리뷰를 팀과 공유하고 내부 개선 계획을 세웁니다.

예: 서비스 매뉴얼 재정비, 음식 품질 점검.

4. 챗GPT를 활용한 부정적인 리뷰 대응

1) 맞춤형 답변 작성

예:

"고객이 서비스가 느렸다는 리뷰를 남겼습니다. 이에 대한 적절한 답변을 작성해줘."

결과:

"안녕하세요, 고객님. 저희 식당을 방문해 주셔서 감사드립니다. 서비스가 느렸던 점에 대해 진심으로 사과드립니다. 앞으로 모든 고객님께 더 나은 서비스를 제공하기 위해 직원 교육과 프로세스를 개선하겠습니다. 불편을 끼쳐 드린 점 다시 한번 사과드립니다."

2) 다양한 상황에 맞는 템플릿 생성

예:

"다양한 부정적인 리뷰 상황(음식의 품질, 대기 시간, 직원 태도)에 대한 답변 템플릿을 만들어줘."

결과:

음식 품질 관련:

"안녕하세요, 고객님. 음식의 품질로 불편을 끼쳐 드려 죄송합니다. 말씀해 주신 문제를 주방팀과 논의하여 개선하겠습니다. 더 나은 경험을 제공하기 위해 노력하겠습니다."

대기 시간 관련:

"안녕하세요, 고객님. 대기 시간이 길어 불편을 드린 점 사과드립니다. 앞으로 대기 시간을 줄이기 위해 예약 시스템을 개선하겠습니다."

직원 태도 관련:

"안녕하세요, 고객님. 직원의 서비스 태도로 불편을 드린 점 진심으로 사과드립니다. 관련 내용을 즉시 교육하여 다시는 이런 일이 발생하지 않도록 하겠습니다."

5. 챗GPT 프롬프트 예시

- "고객이 음식이 짜다는 리뷰를 남겼습니다. 이에 대한 답변 문구를 작성해줘. 답변에는 진심 어린 사과와 함께 앞으로 맛을 조절하기 위해 노력하겠다는 구체적인 개선 방안을 포함해줘. 예: '소중한 의견 감사드립니다. 말씀해주신 부분을 반영하여 맛의 균형을 더욱 세심하게 조정하겠습니다.'"
- "서비스가 불친절했다는 리뷰에 대한 사과 메시지를 만들어줘. 진심 어린 사과와 함께 재발 방지를 위한 직원 교육 계획을 언급해줘. 예: '불편을 끼쳐드려 죄송합니다. 고객님의 경험이 최우선임을 다시 한 번 상기하며, 모든 직원들에게 서비스 교육을 강화하겠습니다.'"
- "대기 시간이 길었다는 리뷰에 적합한 답변 템플릿을 작성해줘. 대기 시간에 대한 사과와 함께 대기 줄을 효율적으로 관리

하기 위한 계획을 설명해줘. 예: '오랜 시간 기다리게 해드려 죄송합니다. 대기 시간을 줄이기 위해 예약 시스템 도입을 검토하고 있습니다.'"

- "부정적인 리뷰를 긍정적으로 전환할 수 있는 답변 문구를 제안해줘. 리뷰의 긍정적인 면을 언급하며, 고객의 의견에 감사하고 개선을 약속하는 내용을 포함해줘. 예: '소중한 피드백 감사합니다. 고객님의 말씀을 귀 기울여 듣고 더욱 나은 경험을 제공할 수 있도록 노력하겠습니다.'"
- "고객의 부정적인 리뷰에 공개적으로 답변한 후, 비공개로 추가 대화를 요청하는 문구를 작성해줘. 예: '불편을 끼쳐드려 죄송합니다. 더욱 자세한 상황을 알기 위해 번거로우시겠지만 DM으로 연락 주시면 성심성의껏 도와드리겠습니다.'"
- "음식 온도가 낮았다는 리뷰에 대한 사과 메시지를 작성해줘. 진심 어린 사과와 함께 음식 온도를 유지하기 위한 개선 계획을 포함해줘. 예: '따뜻한 음식을 제공하지 못해 죄송합니다. 음식 온도를 철저히 점검하여 동일한 일이 재발하지 않도록 하겠습니다.'"
- "리뷰로 제기된 문제를 내부적으로 개선했음을 알리는 공지 문구를 만들어줘. 문제 해결 과정을 간략히 설명하고, 고객의 의견을 반영하여 앞으로 더 나아질 것을 약속해줘. 예: '고객님께서 주신 소중한 의견을 바탕으로 내부적으로 조치를 취했습니다. 앞으로도 더 나은 서비스를 위해 최선을 다하겠습니다.'"

6. 기대 효과

브랜드 신뢰도 유지

부정적인 리뷰에 적절히 대응하면 고객과의 신뢰를 유지할 수 있습니다.

재방문 가능성 증가

문제 해결과 보상으로 고객의 재방문을 유도할 수 있습니다.

내부 개선을 통한 발전

리뷰를 분석해 식당 운영의 약점을 보완하고 서비스 품질을 향상할 수 있습니다.

결론

부정적인 리뷰는 위기로 느껴질 수 있지만, 이를 잘 활용하면 성장의 기회가 됩니다. 고객의 불만을 성실히 받아들이고 신속히 대응하며, 챗GPT를 활용해 상황에 맞는 답변을 작성하세요. 식당의 신뢰도를 강화하고 고객과의 긍정적인 관계를 지속적으로 유지할 수 있을 것입니다.

8.3 챗GPT로 리뷰 응대 텍스트와 FAQ 준비하기

효과적인 리뷰 응대와 FAQ는 고객과의 소통을 원활하게 하고 신뢰를 구축하는 데 중요한 역할을 합니다. 긍정적인 리뷰에는 감사와 긍지를 표현하고, 부정적인 리뷰에는 빠른 대응과 해결 의지를 보여줌으로써 고객 만족도를 높일 수 있습니다. 챗GPT를 활용하면 상황별 리뷰 응대 텍스트와 식당 운영에 필요한 FAQ를 손쉽게 준비할 수 있습니다.

1. 리뷰 응대 텍스트 작성 원칙

1) 긍정적인 리뷰 응대

- **감사와 칭찬:** 고객의 좋은 경험에 감사를 표하고, 긍정적인 점을 다시 언급합니다.
  예: "맛있게 드셔주셔서 감사합니다. 고객님의 칭찬에 힘입어 더 좋은 서비스로 보답하겠습니다!"

- **재방문 유도:** 고객의 다음 방문을 유도하는 메시지를 추가합니다.
  예: "다음 방문 시 더욱 맛있고 정성 가득한 음식으로 맞이하겠습니다!"

2) 부정적인 리뷰 응대

- **사과와 공감:** 문제에 대해 사과하고 고객의 불편함에 공감합니다.
  예: "불편을 끼쳐 드려 진심으로 사과드립니다. 말씀해 주신 내용을 바탕으로 즉시 개선하겠습니다."

- **해결 의지와 후속 조치:** 문제 해결에 대한 구체적인 조치를 제시합니다.
  예: "관련 부서와 논의하여 이런 일이 재발하지 않도록 조치하겠습니다. 다시 한 번 사과드립니다."

- **개인화된 접근:** 필요 시 비공개로 추가 논의를 제안합니다.
  예: "보다 자세한 내용을 논의하고 싶습니다. 연락처를 남겨 주시면 빠르게 연락드리겠습니다."

2. 챗GPT로 리뷰 응대 텍스트 준비

Step 1: 긍정적인 리뷰 응대

예:

"고객이 '음식이 맛있고 분위기가 좋았다'는 긍정적인 리뷰를 남겼습니다. 이에 대한 응대 텍스트를 작성해줘."

결과:

"안녕하세요, 고객님! 저희 식당에서 좋은 시간을 보내셨다니 정말 기쁩니다. 맛있게 드셔주셔서 감사합니다. 앞으로도 더 맛있는 음식과 편안한 분위기로 고객님을 맞이하겠습니다. 다음 방문도 기다리고 있겠습니다!”

Step 2: 부정적인 리뷰 응대

예:

“고객이 ‘서비스가 느렸다’는 부정적인 리뷰를 남겼습니다. 이에 대한 응대 텍스트를 작성해줘.”

결과:

“안녕하세요, 고객님. 저희 식당에서 불편을 끼쳐드려 진심으로 사과드립니다. 서비스가 느렸던 점은 저희가 즉시 개선해야 할 중요한 사항입니다. 앞으로 모든 고객님께 더 나은 서비스를 제공할 수 있도록 직원 교육과 내부 프로세스를 강화하겠습니다. 소중한 의견 주셔서 감사합니다.”

Step 3: 문제 해결과 추가 논의 요청

예:

“고객이 ‘음식이 차가웠다’는 리뷰를 남겼습니다. 이를 해결하기 위한 응대 텍스트를 작성해줘.”

결과:

“안녕하세요, 고객님. 소중한 리뷰 감사드립니다. 음식 온도 문제로 불편을 끼쳐드린 점 사과드립니다. 주방팀과 논의하여 이러한 문제가 다시 발생하지 않도록 조치하겠습니다. 자세한 논의를 위해 연락처를 남겨주시면 빠르게 도와드리겠습니다. 감사합니다.”

3. FAQ 준비하기

1) 자주 묻는 질문 목록

고객이 자주 묻는 질문을 파악하여 정보를 정리하세요.

- 운영 시간 및 위치
- 예약 및 대기 시스템
- 메뉴 구성 및 추천 메뉴
- 주차 정보
- 알레르기 및 식단 제한 관련 정보

2) 챗GPT를 활용한 FAQ 작성

예:

“우리 식당의 FAQ를 작성해줘. 주요 내용: 운영 시간, 예약 방법, 주차 가능 여부.”

결과:

Q: 운영 시간은 어떻게 되나요?

A: 저희 식당은 월요일부터 토요일까지 오전 10시부터 오후 10시까지 운영하며, 일요일은 쉽니다.

Q: 예약은 어떻게 할 수 있나요?

A: 예약은 저희 네이버 예약 페이지에서 가능하며, 전화로도 예약을 도와드립니다.

Q: 주차가 가능한가요?

A: 네, 식당 옆 건물에 전용 주차장이 마련되어 있습니다. 2시간까지 무료 주차가 가능합니다.

3) 특별한 요청 대응 FAQ

예:

"고객이 알레르기 정보와 채식 옵션을 묻는 질문에 대한 FAQ를 작성해줘."

결과:

Q: 알레르기 관련 정보는 어디서 확인할 수 있나요?

A: 메뉴판에 주요 알레르기 정보를 표시해두었으며, 알레르기가 있으신 경우 직원에게 말씀해 주시면 상세히 안내드리겠습니다.

Q: 채식주의자를 위한 메뉴가 있나요?

A: 네, 채식주의자를 위한 샐러드와 파스타 메뉴가 준비되어 있습니다. 주문 시 직원에게 말씀해 주시면 추가 옵션도 제공해 드립니다.

4. 챗GPT 프롬프트 예시

- “긍정적인 리뷰에 대한 응대 텍스트를 작성해줘. 주제: 맛있는 음식과 친절한 서비스. 답변에는 감사의 인사와 함께 고객의 의견을 소중히 여긴다는 메시지를 포함해줘. 예: ‘저희 음식과 서비스를 즐겨주셔서 정말 감사합니다! 고객님의 따뜻한 말씀은 저희 팀에게 큰 힘이 됩니다.’”
- “부정적인 리뷰에 대한 사과 문구를 작성해줘. 주제: 대기 시간이 길었다는 문제. 사과와 함께 대기 시간 단축을 위한 구체적인 계획을 포함해줘. 예: ‘오랜 시간 기다리게 해드려 정말 죄송합니다. 대기 시간을 줄이기 위해 예약 시스템을 개선하고 있습니다.’”
- “고객의 리뷰에 개인적으로 연락을 요청하는 텍스트를 작성해줘. 공개적인 답변 후 비공개 대화를 요청하는 문구를 포함해줘. 예: ‘고객님의 불편 사항을 해결하기 위해 자세히 말씀을 듣고 싶습니다. 번거로우시겠지만 DM이나 전화로 연락 주시면 감사하겠습니다.’”
- “식당의 예약 방법과 운영 시간을 포함한 FAQ를 작성해줘. 예약 가능 여부, 방법(전화, 온라인), 운영 시간, 휴무일 등의 정보를 명확히 포함해줘. 예: ‘운영 시간: 월-금 오전 11시오후 10시, 토-일 오전 10시오후 11시. 예약은 전화 또는 웹사이트를 통해 가능합니다.’”
- “특별 식단 요청(채식, 알레르기)에 대한 FAQ를 만들어줘. 고객이 안심하고 메뉴를 선택할 수 있도록 식단 제공 가능 여부

와 사전 문의 방법을 포함해줘. 예: '저희는 채식 및 특정 알레르기를 고려한 요리를 준비하고 있습니다. 예약 시 사전 요청 부탁드립니다.'"

- "리뷰 응대 텍스트와 관련된 팁과 주의사항을 간단히 정리해줘. 긍정적 리뷰에는 감사의 뜻을 전달하고, 부정적 리뷰에는 진심 어린 사과와 해결 의지를 보여야 한다는 점을 강조해줘. 예: '항상 정중하고 공감하는 태도로 답변하세요. 문제 해결 의지를 구체적으로 보여주고, 고객의 의견을 소중히 여긴다는 메시지를 담으세요.'"
- "서비스가 느리다는 리뷰를 받은 경우 적합한 사과와 해결 방안을 제안해줘. 사과와 함께 서비스 속도를 개선하기 위한 팀원 교육 또는 프로세스 개선 방안을 포함해줘. 예: '서비스가 느렸던 점 사과드립니다. 더 나은 서비스를 위해 직원 교육과 내부 프로세스를 강화하겠습니다.'"

5. 기대 효과

고객 만족도 증대

신속하고 정확한 리뷰 응대와 FAQ 제공으로 고객의 신뢰와 만족도가 높아집니다.

브랜드 신뢰도 향상

책임감 있는 응대와 유용한 FAQ는 고객에게 긍정적인 이미지를 심어줍니다.

운영 효율성 개선

챗GPT로 사전 준비한 텍스트와 FAQ는 응대 시간을 단축시키고 직원의 부담을 줄입니다.

결론

리뷰 응대와 FAQ 작성은 고객 만족도와 신뢰도 향상에 중요한 요소입니다. 긍정적인 리뷰에는 감사와 재방문 유도 메시지를, 부정적인 리뷰에는 진심 어린 사과와 구체적인 해결 방안을 포함하여 고객과의 소통을 강화해야 합니다. 또한, FAQ는 운영 시간, 예약 방법, 메뉴 정보 등 자주 묻는 질문을 체계적으로 정리해 고객 편의를 증대시킬 수 있습니다. 챗GPT를 활용하면 이러한 텍스트를 신속하고 효율적으로 준비할 수 있어 운영 효율성을 높이고 직원 부담을 줄이는 데 기여합니다. 결과적으로, 고객 만족도와 브랜드 신뢰도가 향상되어 긍정적인 평판과 지속적인 성장을 기대할 수 있습니다.

제9장

성과를 측정하고 더 나은 결과를 만들자

제9장

성과를 측정하고 더 나은 결과를 만들자

9.1 트래픽, 전환율, 참여도 … 무엇을 분석할 것인가?

온라인 마케팅의 성과를 측정하려면 어떤 지표를 분석해야 하는지 명확히 알아야 합니다. 트래픽, 전환율, 참여도는 식당의 디지털 마케팅에서 가장 중요한 성과 지표입니다. 각 지표는 마케팅 활동의 효과를 평가하고 개선 방향을 제시합니다. 이 장에서는 주요 성과 지표를 분석하는 방법과 이를 통해 더 나은 결과를 만드는 방법을 설명합니다.

1. 성과 분석의 중요성

효율적인 자원 활용

성과 분석은 어떤 활동이 효과적인지 파악하여 시간과 비용을 절약하게 합니다.

개선 방향 제시

부족한 부분을 파악해 지속적으로 마케팅 성과를 개선할 수 있습니다.

ROI (Return on Investment) 평가

투자 대비 성과를 정량적으로 평가해 마케팅 예산을 최적화합니다.

2. 주요 분석 지표

1) 트래픽(Traffic)

의미: 웹사이트나 블로그, SNS 채널에 방문한 사람들의 수를 측정합니다.

주요 분석 항목:

- 방문자 수: 일정 기간 동안의 총 방문자 수.
- 페이지뷰(PV): 방문자가 조회한 페이지 수.
- 유입 경로: 네이버 검색, Instagram, TikTok 등 방문자가 어디서 유입되었는지 분석.

활용 사례:

- 특정 프로모션 후 트래픽이 증가했는지 확인.
- 방문자가 많이 유입된 채널에 더 집중.

2) 전환율(Conversion Rate)

의미: 방문자가 식당 예약, 리뷰 작성, 쿠폰 다운로드 등 원하는 행동을 완료한 비율.

주요 분석 항목:

- 목표 전환율: 예약, 쿠폰 다운로드, 전화 문의 등.
- 이탈률: 방문자가 아무 행동도 하지 않고 나가는 비율.

활용 사례:

- 예약 페이지에서 전환율이 낮다면, 페이지를 더 간소화하거나 매력적인 문구 추가.

3) 참여도(Engagement)

의미: SNS에서 고객이 게시물과 얼마나 상호작용했는지를 측정.

주요 분석 항목:

- 좋아요, 댓글, 공유 수: 콘텐츠의 반응 수준.
- 참여율: 게시물 도달 수 대비 상호작용 수.

활용 사례:

- 좋아요와 댓글이 많은 게시물의 스타일을 분석해 유사한 콘텐츠 제작.
- 참여도가 낮은 채널이나 콘텐츠의 개선점을 찾기.

4) 고객 유지율(Retention Rate)

의미: 기존 고객이 재방문하거나 재참여하는 비율.

주요 분석 항목:

- 단골 고객 비율: 반복적으로 방문하는 고객 비율.
- 재방문 유도 성공률: 이벤트 참여 후 재방문한 고객 비율.

활용 사례:

- 단골 고객을 대상으로 한 이벤트 기획.
- 재방문 고객의 행동 데이터를 기반으로 맞춤형 프로모션 설계.

5) 매출 관련 지표

의미: 마케팅 활동이 매출에 얼마나 영향을 미쳤는지 평가.

주요 분석 항목:

- 캠페인 매출 기여율: 특정 캠페인이 전체 매출에 기여한 비율.
- 평균 객단가: 한 고객당 소비 금액.

활용 사례:

- 특정 메뉴 홍보 후 평균 객단가가 상승했는지 분석.
- 매출에 직접적으로 기여한 마케팅 활동 확인.

3. 분석 도구 활용법

1) Google Analytics

특징: 웹사이트 트래픽, 유입 경로, 이탈률 등을 분석.

활용 방법:

- 트래픽 데이터를 기반으로 유입 채널 성과 비교.
- 이탈률이 높은 페이지를 찾아 개선.

2) 네이버 애널리틱스

특징: 네이버 블로그, 지도 등에서의 성과를 분석.

활용 방법:
- 네이버 검색어를 통한 유입 데이터 확인.
- 블로그 콘텐츠별 조회수와 반응 비교.

3) SNS 분석 도구(Instagram Insights, TikTok Analytics)

특징: SNS에서의 도달 수, 참여율, 팔로워 증가 수 등을 분석.

활용 방법:
- 게시물 별 참여도와 도달 수를 비교해 성공적인 콘텐츠 유형 파악.
- 팔로워의 인구통계학적 특성 분석.

4. 챗GPT로 분석 아이디어 생성

Step 1: 데이터 해석 요청

예:

"우리 웹사이트의 방문자 수는 증가했지만 전환율이 낮습니다. 이를 개선할 방법을 제안해줘."

결과:

방문자 수 증가 요인 분석: 유입 경로와 인기 페이지를 확인.

전환율 개선 방안: 예약 버튼 강조, 간단한 예약 절차 제공.

Step 2: 성과 보고서 초안 작성

예:

"지난달 마케팅 성과 보고서를 작성해줘. 주요 데이터: 방문자 5,000명, 전환율 3%, 참여율 10%."

결과:

"지난달 마케팅 성과 보고서

트래픽: 총 방문자 수 5,000명으로 전월 대비 20% 증가.

전환율: 3%로 목표치(5%)에 미달.

참여율: SNS 콘텐츠의 참여율 10%, 댓글과 공유가 특히 활발.

결론: 전환율 개선과 참여율 유지에 집중."

5. 챗GPT 프롬프트 예시

- "네이버 스마트 플레이스 통계를 활용해 우리 식당의 일간 방문자 수와 전환율을 분석하려면 어떤 데이터를 수집해야 하는지 정리해줘. 또한, 이를 바탕으로 방문자 수 변화 패턴과 전환율에 영향을 미치는 주요 요인을 파악할 수 있도록 분석 가이드를 제시하고, 개선 방안을 작성해줘."

- “네이버 스마트 플레이스의 성별, 연령대별 방문자 통계를 활용해 주요 고객층을 분석하고, 이를 바탕으로 맞춤형 마케팅 전략을 제안해줘. 예: 주요 연령층에 적합한 메뉴 추천 또는 이벤트 기획.”
- “네이버 스마트 플레이스에서 제공하는 시간대별 방문자 데이터를 활용해 피크 타임과 비활성 시간을 분석하고, 이를 기반으로 매출 극대화를 위한 운영 전략을 작성해줘.”
- “네이버 스마트 플레이스 리뷰 데이터를 활용하여 긍정적 리뷰와 부정적 리뷰의 주요 키워드를 분석하고, 이를 바탕으로 개선 포인트와 강점을 강조한 마케팅 전략을 제안해줘.”
- “네이버 스마트 플레이스 통계에 나타난 방문자 특성과 실제 방문 고객의 특성이 다른지 확인하려면 어떤 데이터를 비교해야 하는지 정리해줘. 또한, 이 차이로 인해 발생할 수 있는 문제점을 분석하고, 개선 방안을 제시해줘. 예를 들어, 통계에서는 특정 연령대가 주요 방문자로 나타나지만 실제 고객층이 다른 경우, 마케팅 전략을 재조정해야 할 수도 있어.”
- “네이버 스마트 플레이스의 월간 리뷰 증가 추이를 분석하여 시즌별 마케팅 효과를 평가하고, 이를 기반으로 다음 시즌 캠페인 기획 방안을 작성해줘.”
- “네이버 스마트 플레이스 통계를 활용하여 신규 방문자를 분석하고, 이를 기반으로 신규 고객 유입을 위한 홍보 전략을 제안해줘. 예: 신규 방문자 전용 할인 이벤트 또는 첫 방문 기념 프로모션.”

- "네이버 스마트 플레이스에서 제공하는 유입 매체 순위를 분석하여 가장 효과적인 홍보 채널을 파악하고, 이를 활용한 채널별 마케팅 전략을 제안해줘. 예: 상위 매체에서 진행할 타겟 광고 캠페인 기획."
- "네이버 스마트 플레이스에서 제공하는 유입 키워드 순위를 분석하여 우리 식당에 가장 관련성 높은 키워드를 선정하고, 이를 바탕으로 블로그 콘텐츠와 스마트 플레이스 최적화 방안을 제안해줘."

6. 기대 효과

데이터 기반 의사결정

트래픽, 전환율, 참여도 데이터를 분석해 효과적인 마케팅 활동을 결정할 수 있습니다.

성과 개선

약점을 파악하고 개선하여 더 높은 ROI를 달성할 수 있습니다.

효율적인 자원 활용

성과가 높은 활동에 집중 투자하여 예산을 최적화할 수 있습니다.

결론

성과 분석은 성공적인 마케팅의 핵심입니다. 트래픽, 전환율, 참여도와 같은 주요 지표를 정기적으로 분석하고, 챗GPT를 활용해 데이터를 해석하고 개선 방향을 찾으세요. 정확한 데이터를 기반으로 더 나은 결과를 만들고, 고객 유입과 매출 성장을 지속적으로 이끌어낼 수 있습니다.

9.2 Google Analytics와 SNS 통계를 활용한 성과 분석법

Google Analytics와 SNS 통계 도구는 마케팅 성과를 구체적으로 측정하고, 데이터를 기반으로 전략을 개선하는 데 유용한 도구입니다. 이 장에서는 Google Analytics와 SNS 통계 도구를 활용해 트래픽, 전환율, 참여도 등을 분석하는 방법과 이를 식당 운영에 적용하는 전략을 소개합니다.

1. Google Analytics를 활용한 웹사이트 분석

1) 주요 분석 지표

사용자(User)

- 특정 기간 동안 웹사이트를 방문한 고유 사용자 수.
- 활용: 방문자가 증가한 시기의 캠페인 효과 확인.

페이지뷰(Pageview)

- 웹사이트의 개별 페이지가 열람된 횟수.
- 활용: 인기 페이지와 방문자 흐름 파악.

이탈률(Bounce Rate)

- 방문자가 페이지를 보고 바로 나간 비율.
- 활용: 이탈률이 높은 페이지를 분석하고 콘텐츠를 개선.

세션(Session)

- 방문자가 웹사이트에서 활동한 시간.
- 활용: 세션 길이를 늘려 전환 가능성을 높이는 콘텐츠 제작.

전환(Conversion)

- 고객이 설정된 목표(예약, 쿠폰 다운로드, 문의 등)를 완료한 비율.
- 활용: 전환율이 낮은 경우 페이지 디자인 및 문구 개선.

2) Google Analytics 활용 전략

유입 경로 분석

- 직접 유입: 고객이 URL을 직접 입력해 방문.
- 검색 유입: 검색 엔진에서 키워드를 통해 유입.
- 소셜 유입: SNS 링크를 통해 유입.
- 활용: 효과적인 유입 채널에 리소스를 집중.

페이지별 성과 분석

- 인기 페이지와 이탈률이 높은 페이지를 비교 분석.
- 활용: 인기 페이지를 벤치마킹해 유사한 콘텐츠 제작.

목표 설정 및 전환율 분석

- 예약 페이지, 쿠폰 다운로드 등 주요 목표를 설정.
- 전환율을 분석해 캠페인 효과 확인.
- 활용: 목표 전환율을 높이기 위한 문구 및 디자인 테스트.

2. SNS 통계 도구를 활용한 성과 분석

1) 주요 분석 지표

도달 수(Reach)

- 게시물이 도달한 총 사용자 수.
- 활용: 광고나 캠페인의 도달 범위 평가.

참여도(Engagement)

- 게시물에 대한 좋아요, 댓글, 공유 등의 상호작용.
- 활용: 고객이 좋아하는 콘텐츠 유형 파악.

팔로워 증가 수(Follower Growth)

- 특정 기간 동안 팔로워가 얼마나 늘었는지 확인.
- 활용: 캠페인 효과를 팔로워 증가와 연계해 분석.

스토리/릴스 조회 수(Views)

- 짧은 영상 콘텐츠의 조회 수.

- 활용: 릴스와 스토리를 통해 고객 참여 유도.

2) Instagram Insights 활용 전략

게시물별 참여도 분석

- 게시물의 도달 수와 참여도를 비교해 가장 효과적인 콘텐츠 유형 파악.
- 활용: 고객 반응이 높은 이미지나 영상 스타일을 반복.

팔로워 인사이트 활용

- 팔로워의 연령, 성별, 지역 데이터를 분석.
- 활용: 주요 고객층에 맞춘 맞춤형 콘텐츠 제작.

캠페인 성과 측정

- 특정 이벤트나 프로모션에 대한 참여율 분석.
- 활용: 참여율이 낮은 경우 캠페인 구조 및 문구 개선.

3) TikTok Analytics 활용 전략

동영상 조회 수 분석

- 각 동영상의 조회 수를 분석해 인기 콘텐츠 파악.
- 활용: 조회 수가 높은 주제를 활용한 추가 콘텐츠 제작.

팔로워 행동 분석

- 팔로워가 가장 활발하게 활동하는 시간대 확인.

• 활용: 최적의 게시 시간 설정.

해시태그 효과 분석

• 게시물에 사용한 해시태그별 조회 수와 참여율 확인.

• 활용: 효과적인 해시태그 전략 수립.

3. 챗GPT로 성과 분석 보고서 작성

Step 1: 데이터 해석 요청

예:

“Google Analytics 데이터를 기반으로 지난달 성과 보고서를 작성해줘. 주요 데이터: 방문자 5,000명, 전환율 3%, 이탈률 45%.”

결과:

“지난달 성과 요약:

방문자 수: 5,000명으로 전월 대비 15% 증가.

전환율: 3%로 평균 수준이나, 목표치(5%)에 미달.

이탈률: 45%로 개선이 필요. 인기 페이지와 이탈률 높은 페이지를 비교 분석해 콘텐츠 개선 필요.”

Step 2: SNS 성과 분석 요청

예:

“Instagram 캠페인의 주요 성과를 분석해줘. 데이터: 도달 수

10,000명, 좋아요 1,500개, 댓글 300개."

결과:

"Instagram 캠페인 성과:

도달 수: 10,000명으로 목표치 달성.

참여도: 좋아요 1,500개, 댓글 300개로 총 참여율은 18%.

결론: 고객 참여도가 높았던 점을 바탕으로 유사한 캠페인 반복 추천."

4. 챗GPT 프롬프트 예시

- "Google Analytics 데이터를 활용해 방문자 수와 전환율을 분석하려면 어떤 데이터가 필요한지 정리해줘. 또한, 이를 바탕으로 간단한 분석 보고서를 작성하고, 방문자 수, 페이지별 이탈률, 전환율 데이터를 요청하는 방법과 해석하는 방법도 안내해줘."
- "Instagram Insights 데이터를 활용해 가장 효과적인 게시물을 찾으려면 어떤 지표를 확인해야 하는지 정리해줘. 또한, 해당 지표를 바탕으로 게시물 성과를 분석하는 방법을 설명해줘. 예: 도달 수, 좋아요, 댓글 수, 공유 수를 기준으로 분석."
- "릴스에서 인기 콘텐츠 주제를 파악하려면 어떤 데이터를 수집해야 하는지 정리해줘. 또한, 해당 데이터를 바탕으로 인기 콘텐츠의 특징을 분석하는 방법을 제안해줘. 예: 조회 수, 저장

수, 공유 수."

- "SNS 통계 도구를 활용해 도달 수와 참여율을 비교하려면 어떤 데이터를 확인해야 하는지 정리해줘, 또한, 해당 데이터를 해석하는 방법을 단계별로 설명해줘. 예: 도달 수 대비 좋아요·댓글 비율을 활용한 참여율 계산."
- "Google Analytics의 유입 경로 데이터를 활용해 성과를 평가하려면 어떤 데이터가 필요한지 정리해줘. 또한, 이를 바탕으로 효과적인 유입 채널을 선정하고 개선 방안을 제안해줘. 예: 유입 경로별 방문자 수 및 전환율 비교."
- "SNS 캠페인 성과를 정리하려면 어떤 데이터를 수집해야 하는지 질문하고, 이를 기반으로 주요 성과를 요약하고 향후 개선 방안을 제안해줘. 예: 캠페인 도달 수, 클릭 수, 전환율 데이터를 요청하고, 이를 바탕으로 분석."

5. 기대 효과

성과 데이터 활용

데이터를 기반으로 마케팅 활동의 성과를 구체적으로 측정.

효율적인 전략 수정

데이터를 활용해 약점을 보완하고 강점을 강화.

ROI 개선

성과가 높은 활동에 집중 투자해 투자 대비 수익률을 극대화.

결론

Google Analytics와 SNS 통계 도구는 마케팅 성과를 측정하고 개선 방향을 제시하는 강력한 도구입니다. 데이터를 기반으로 한 전략은 더 나은 결과를 만들어내며, 챗GPT를 활용하면 보고서 작성과 분석을 더욱 효율적으로 수행할 수 있습니다. 데이터를 활용해 식당 마케팅을 한 단계 더 성장시키세요!

9.3 챗GPT로 데이터 해석과 보고서 작성 쉽게 하기

데이터를 해석하고 보고서를 작성하는 과정은 마케팅 성과를 평가하고 다음 전략을 수립하는 데 필수적입니다. 하지만 데이터를 정리하고 분석하며 결과를 도출하는 작업은 많은 시간과 노력을 요구합니다. 챗GPT는 데이터 해석과 보고서 작성을 쉽고 빠르게 도와주는 도구로, 주요 성과를 효과적으로 정리하고 실행 가능한 인사이트를 제공합니다.

1. 데이터 해석과 보고서 작성의 중요성

성과 이해와 공유

데이터를 분석하여 마케팅 활동이 실제로 어떤 결과를 낳았는지 이해할 수 있습니다.

의사결정 지원

데이터를 통해 개선해야 할 부분과 성공적인 전략을 확인하여 더 나은 결정을 내릴 수 있습니다.

팀 간 소통 강화

보고서를 통해 팀원, 투자자, 관리자 등과 성과를 효과적으로 공유할 수 있습니다.

2. 챗GPT로 데이터 해석과 보고서 작성하기

Step 1: 데이터 입력과 간단한 요청

예:

“우리 웹사이트의 지난달 데이터입니다: 방문자 수 5,000명, 전환율 2%, 이탈률 50%. 이를 분석해 보고서 초안을 작성해줘.”

결과:

“지난달 웹사이트 성과 보고서

방문자 수: 총 5,000명으로 전월 대비 10% 증가.

전환율: 2%로 목표치(3%)에 미달. 전환율 향상을 위해 예약 페이지의 간소화 및 프로모션 배너 활용 추천.

이탈률: 50%로 높게 나타남. 이탈률이 높은 페이지를 분석하여 콘텐츠 및 디자인 개선 필요.

결론: 방문자 수는 증가했으나 전환율 개선과 이탈률 감소가 필요합니다.”

Step 2: 성과 비교 분석 요청

예:

“지난달과 이번 달 데이터를 비교해줘.

- 지난달: 방문자 5,000명, 전환율 2%, 이탈률 50%

- 이번 달: 방문자 6,000명, 전환율 3%, 이탈률 45%"

결과:

"성과 비교 분석

방문자 수: 이번 달 6,000명으로 20% 증가.

전환율: 3%로 개선되며 목표치 달성.

이탈률: 45%로 감소, UX/UI 개선 효과로 판단.

결론: 방문자 수와 전환율 모두 긍정적인 변화를 보였으나, 지속적인 콘텐츠 및 사용자 경험 개선이 필요합니다."

Step 3: 개선 방향 제안 요청

예:

"Google Analytics 데이터에 따르면, 인기 페이지는 트래픽이 높지만 전환율이 낮습니다. 이를 개선할 방안을 제안해줘."

결과:

CTA(Call-to-Action) 강조:

예약 버튼이나 쿠폰 다운로드 링크를 페이지 상단에 배치.

내용 간소화:

페이지 내용이 길다면 핵심 정보를 요약.

페이지 로딩 속도 개선:

로딩 시간이 긴 경우 고객 이탈 가능성 증가.

3. 챗GPT로 작성할 수 있는 보고서 유형

1) 트래픽 분석 보고서

예:

"우리 블로그의 지난달 트래픽 데이터를 기반으로 트래픽 분석 보고서를 작성해줘."

결과:

"트래픽 분석 보고서

총 방문자 수: 4,000명 (전월 대비 15% 증가).

주요 유입 경로:

네이버 검색: 50%

Instagram: 30%

직접 유입: 20%

인기 콘텐츠:

'홍대 맛집 추천' 포스팅이 가장 높은 조회수를 기록.

결론: 네이버 검색을 통해 많은 방문자가 유입되었으며, 인기 콘텐츠를 활용한 유사 포스팅 제작 추천."

2) SNS 캠페인 성과 보고서

예:

"지난주 Instagram 캠페인의 데이터를 기반으로 성과 보고서를 작성해줘.

- 도달 수: 10,000명

- 좋아요: 1,500개
- 댓글: 200개
- 공유: 100회”

결과:

“Instagram 캠페인 성과 보고서
도달 수: 10,000명으로 캠페인 목표치 90% 달성.
참여율: 18% (좋아요, 댓글, 공유 포함).
캠페인 주요 성과:
댓글과 공유가 증가하며 고객 참여가 활발.
‘주말 디너 이벤트’ 게시물이 가장 높은 반응을 기록.
결론: 주말 프로모션이 효과적이며, 유사한 콘텐츠를 지속적으로 제작 권장.”

3) ROI 보고서

예:

“지난달 광고 캠페인 ROI를 분석해줘.
- 총 광고비: 50만 원
- 매출: 200만 원”

결과:

“ROI 분석 보고서
총 광고비: 50만 원
총 매출: 200만 원

ROI(Return on Investment): 400%
결론: 이번 캠페인은 투자 대비 높은 수익을 기록했으며, 동일한 전략의 반복 실행 추천."

4. 챗GPT 프롬프트 예시

- "소상공인 식당 운영자가 혼자 콘텐츠를 제작할 때 참고할 수 있는 작업 흐름을 제안해줘. 예: 메뉴 사진 촬영 > 텍스트 작성 > 게시물 검토 > SNS 업로드."
- "SNS에 게시할 콘텐츠 제작과 검수를 위한 간단한 체크리스트를 작성해줘. 예: 사진 화질 확인, 메뉴 정보 정확성 검토, 주요 해시태그 추가."
- "Trello 보드 대신 간단한 메모 앱이나 노트를 활용해 소상공인 식당의 콘텐츠 작업 흐름을 설계해줘. 예: '아이디어 기록 > 촬영 완료 > 검토 완료 > 게시 완료' 단계를 작성."
- "Instagram에 게시할 소상공인 식당 콘텐츠 검수 시 사용할 간단한 체크리스트를 만들어줘. 예: 사진 품질, 텍스트 오탈자 여부, 해시태그 및 위치 태그 확인."
- "정기적으로 콘텐츠 성과를 점검할 때 참고할 항목을 제안해줘. 예: 게시물 도달 수, 좋아요와 댓글 수, 방문 고객의 반응."
- "소상공인 식당 운영자가 주간 콘텐츠 계획을 세울 수 있도록 간단한 캘린더 템플릿을 제안해줘. 예: 월요일 이벤트 홍보,

수요일 고객 리뷰 공유, 금요일 주말 메뉴 홍보."

- "소상공인 식당의 콘텐츠 제작 후 성과 분석을 간단히 할 수 있는 보고서 초안을 작성해줘. 예: 주요 게시물 성과 요약, 도달 수와 매출 변화 비교."

5. 기대 효과

시간 절약

데이터 해석과 보고서를 신속하게 작성하여 다른 업무에 집중할 수 있습니다.

데이터 기반 전략 수립

챗GPT의 분석과 보고서를 기반으로 더 나은 마케팅 전략을 세울 수 있습니다.

성과 개선

정확한 데이터 해석을 통해 부족한 점을 개선하고 성과를 극대화할 수 있습니다.

결론

챗GPT는 데이터 해석과 보고서 작성 과정을 혁신적으로 간소화합니다. 마케팅 성과를 정리하고 분석하는 데 드는 시간을 줄이고, 명확하고 실행 가능한 인사이트를 얻으세요. 정확한 보고서와 효율적인 데이터 활용을 통해 마케팅 전략의 성공을 한 단계 높일 수 있습니다!

제10장

혼자만의 싸움이 아니다, 팀워크가 답이다

10.1 직원들을 위한 온라인마케팅 기본 교육

10.2 콘텐츠 작성부터 게시까지 원활한 협업 시스템 만들기

10.3 내부 매뉴얼과 프로세스를 체계적으로 구축하는 방법

제10장

혼자만의 싸움이 아니다, 팀워크가 답이다

10.1 직원들을 위한 온라인마케팅 기본 교육

식당의 온라인마케팅은 혼자만의 노력이 아니라, 팀 전체가 함께 협력할 때 그 효과를 극대화할 수 있습니다. 직원들에게 온라인마케팅의 기본을 교육하면 식당의 메시지를 일관성 있게 전달하고, 고객과의 소통도 더 원활하게 이루어질 수 있습니다. 이 장에서는 식당 직원들에게 온라인마케팅의 기초를 교육하는 방법과 이를 효과적으로 실행하는 전략을 안내합니다.

1. 직원들이 온라인마케팅을 알아야 하는 이유

통합된 메시지 전달

직원 모두가 식당의 브랜드 메시지와 목표를 이해하면, 고객과의 소통이 일관성을 유지합니다.

고객 응대 능력 강화

온라인 리뷰, 댓글, 메시지에 대한 대응 능력을 갖추면 고객 만족도를 높일 수 있습니다.

콘텐츠 제작 협업

직원이 식당의 일상이나 이벤트를 콘텐츠로 공유하면 진정성 있는 마케팅이 가능합니다.

SNS 활용 극대화

직원들이 SNS 운영을 이해하면, 자연스러운 고객 참여를 유도할 수 있습니다.

2. 온라인마케팅 기본 교육에서 다룰 주제

1) 브랜드 이해

브랜드 메시지와 철학

예: "우리 식당은 신선한 재료와 정직한 요리를 통해 건강한 미식을 제공합니다."

목표 고객층 정의

예: "20~30대 젊은 층, 트렌디한 장소를 찾는 고객, 가족 단위 방문객."

2) SNS 활용법

주요 SNS 플랫폼의 특징

- Instagram: 시각적 콘텐츠 중심.
- TikTok: 짧고 재미있는 영상 콘텐츠.
- 네이버 블로그: SEO 최적화 글과 상세 정보 제공.

콘텐츠 제작 팁

- 음식 사진 촬영 기술.
- SNS 릴스나 스토리 제작법.
- 해시태그와 위치 태그 활용법.

3) 고객 응대와 리뷰 관리

긍정적인 리뷰 응대

"맛있게 드셔주셔서 감사합니다! 다음 방문도 기다리고 있겠습니다."

부정적인 리뷰 대응

"불편을 끼쳐드려 죄송합니다. 개선을 위해 팀과 논의하겠습니다."

고객 메시지 응대

SNS 다이렉트 메시지(DM)나 네이버 예약 문의에 대한 빠르고 친절한 답변.

4) 데이터 활용

SNS 참여도 확인법

좋아요, 댓글, 공유 수로 고객 반응 분석.

성과 보고

간단한 트래픽 데이터나 캠페인 결과를 분석해 개선 방향 도출.

3. 효과적인 교육 진행 방법

1) 간단하고 실용적으로 설계

전문적인 용어를 줄이고, 직원들이 이해하기 쉬운 방식으로 설명합니다.

예: "해시태그는 고객이 우리 게시물을 쉽게 찾을 수 있게 해주는 표시입니다."

2) 실습 중심 교육

직접 음식 사진을 찍거나 SNS에 게시물을 작성해보는 실습을 포함합니다.

3) 정기적인 교육

월 1회 정기 교육 세션을 통해 최신 트렌드와 식당 마케팅 전략을 업데이트합니다.

4) 피드백과 Q&A 세션

직원들이 마케팅에 대해 궁금한 점을 자유롭게 물어볼 수 있도록 합니다.

4. 챗GPT로 교육 콘텐츠 준비하기

Step 1: 교육 자료 준비

예:

"직원들에게 SNS 기본 사용법을 교육할 프레젠테이션 내용을 만들어줘."

결과:

SNS의 중요성

"고객이 우리를 발견하고 방문하기 전, SNS가 첫인상이 됩니다."

Instagram 활용법

"고화질 음식 사진을 올리고 #맛집추천 해시태그를 추가하세요."

고객 응대 방법

"댓글에 친근하게 답변하며 고객과 소통하세요."

Step 2: 교육 시나리오 작성

예:

"식당 직원들에게 온라인 리뷰 대응 방법을 교육하는 시나리오를 작성해줘."

결과:

소개

"리뷰는 식당의 평판을 결정짓는 중요한 요소입니다."

긍정적인 리뷰 응대

"리뷰에 감사와 재방문 유도 메시지를 남겨보세요."

부정적인 리뷰 응대

"공감과 사과의 메시지로 시작하고, 해결 방안을 제시하세요."

Step 3: 퀴즈와 실습

예:

"온라인마케팅 교육 후 활용할 간단한 퀴즈를 만들어줘."

결과:

질문:

"고객이 리뷰에서 불만을 제기했을 때 첫 번째로 해야 할 일은?"

a) 무시한다.

b) 공감과 사과의 메시지를 작성한다.

c) 리뷰를 삭제한다.

정답: b

5. 챗GPT 프롬프트 예시

- "직원들에게 온라인마케팅 기본 교육 자료를 준비해줘. 주제: SNS 활용법."
- "식당 직원들이 리뷰 응대 능력을 강화하기 위한 교육 내용을 작성해줘."
- "온라인 리뷰와 고객 메시지에 응대하는 가이드라인을 만들어줘."
- "SNS에서 사진 촬영과 게시물 작성법을 교육하는 자료를 준비해줘."
- "데이터 분석과 간단한 보고 방법을 직원들에게 교육할 자료를 만들어줘."
- "직원들을 위한 실습 중심 온라인마케팅 교육 계획을 세워줘."
- "교육 후 성과를 측정하기 위한 간단한 퀴즈를 만들어줘."

6. 기대 효과

팀워크 강화

모든 직원이 마케팅에 동참함으로써 팀워크가 강화됩니다.

효율적인 고객 소통

직원들이 온라인 리뷰와 메시지에 적절히 응대하여 고객 만족도가 높아집니다.

마케팅 성과 향상

직원들이 콘텐츠 제작과 데이터 분석에 기여해 마케팅 효과가 극대화됩니다.

브랜드 이미지 개선

직원들이 식당의 브랜드 메시지를 일관되게 전달하여 신뢰도가 상승합니다.

결론

직원들에게 온라인마케팅의 기본을 교육하면 식당의 디지털 마케팅 활동이 훨씬 효율적으로 이루어집니다. 챗GPT를 활용해 교육 자료와 실습 콘텐츠를 준비하면 시간과 노력을 절약하면서도 효과적인 교육을 진행할 수 있습니다. 팀 전체가 한 방향으로 협력하여 더 나은 마케팅 성과를 이뤄보세요!

10.2 콘텐츠 작성부터 게시까지 원활한 협업 시스템 만들기

효과적인 온라인마케팅은 콘텐츠의 품질뿐만 아니라 팀의 협업 효율성에 크게 좌우됩니다. 콘텐츠를 작성하고, 검수하며, 게시하는 모든 과정에서 팀원 간 원활한 협력은 시간과 자원을 절약하고, 더 높은 성과를 보장합니다. 이 장에서는 콘텐츠 제작부터 게시까지의 협업 시스템을 구축하는 방법과 이를 체계적으로 운영하는 전략을 소개합니다.

1. 협업 시스템이 중요한 이유

시간 절약

각 단계가 체계적으로 이루어지면 불필요한 반복 작업을 줄일 수 있습니다.

콘텐츠 품질 향상

팀원의 다양한 관점을 반영해 더 완성도 높은 콘텐츠를 제작할 수 있습니다.

책임 분담 명확화

누가 어떤 역할을 맡는지 명확히 하여 혼선을 방지합니다.

일정 준수

체계적인 시스템은 콘텐츠 제작과 게시가 일정에 따라 진행되도록 돕습니다.

2. 콘텐츠 제작부터 게시까지의 단계별 프로세스

Step 1: 아이디어 브레인스토밍

참여자: 팀 전체 (마케터, 디자이너, 운영 관리자 등)

활동:

새로운 콘텐츠 주제와 형식 논의.

고객 피드백이나 시즌별 이벤트를 반영.

툴 추천:

Google Jamboard, Miro, Trello 등 협업 도구 활용.

Step 2: 콘텐츠 작성

참여자: 작가(직원, 외부 콘텐츠 제작자 등), 검수자

활동:

SNS, 블로그, 웹사이트에 적합한 글 작성.

핵심 메시지와 브랜드 톤 유지.

툴 추천:

Google Docs, Notion: 팀과 실시간으로 문서 공유 및 협업.

챗GPT 활용:

예: "브런치 메뉴 소개를 위한 Instagram 게시물 초안을 작성해줘."

Step 3: 이미지 및 비주얼 제작

참여자: 디자이너, 사진 촬영 담당자

활동:

음식 사진 촬영, 인테리어 사진 추가.

Canva, Adobe Photoshop 등을 사용해 시각 자료 제작.

챗GPT 활용:

예: "이 사진을 설명하는 캡션을 작성해줘. 주제: 신메뉴 프로모션."

Step 4: 검수 및 피드백

참여자: 팀장, 관련 부서 담당자

활동:

작성된 글과 비주얼 검토.

브랜드 이미지에 부합하는지 확인.

피드백 기록 후 수정 요청.

툴 추천:

Google Docs의 댓글 기능, Asana.

Step 5: 콘텐츠 게시

참여자: SNS 관리자, 블로그 담당자

활동:

예약 게시(Instagram, TikTok, 네이버 블로그 등).

게시물의 도달 성과 모니터링.

툴 추천:

Buffer, Hootsuite: 다수의 플랫폼에 예약 게시 가능.

Step 6: 성과 분석

참여자: 마케팅 팀

활동:

게시물 도달 수, 좋아요, 댓글 등을 분석.

캠페인 성과를 요약하고 개선 방향 논의.

챗GPT 활용:

예: "Instagram 게시물 데이터(도달 수: 10,000명, 좋아요: 1,000개)를 분석해 개선점을 제안해줘."

3. 협업 시스템 구축을 위한 주요 전략

1) 역할 분담 명확화

각 단계별로 책임자를 지정하여 작업 흐름이 끊기지 않도록 합니다.

예: 콘텐츠 작성은 마케터, 검수는 팀장, 게시물 업로드는 SNS 관리자.

2) 일정 관리와 작업 흐름

콘텐츠 캘린더를 활용해 작업 일정을 미리 계획합니다.

콘텐츠 캘린더 예시:

- 월요일: 아이디어 브레인스토밍.
- 수요일: 초안 작성 완료 및 검수 요청.
- 금요일: 콘텐츠 게시 및 모니터링.

3) 협업 툴 활용

팀원들이 쉽게 소통하고 작업 상태를 공유할 수 있도록 협업 도구를 사용합니다.

추천 툴:

- Trello: 작업 흐름 관리.
- Slack: 실시간 팀 소통.
- Asana: 프로젝트 일정 관리.

4) 정기 피드백 세션

정기적으로 팀원이 모여 진행 상황을 공유하고 개선점을 논의합니다.

효과적인 피드백을 위해 모든 의견을 문서화합니다.

4. 챗GPT를 활용한 협업 강화

Step 1: 역할별 템플릿 작성

예:

"팀원별 작업을 정의하고 각 단계에 대한 템플릿을 만들어줘."

결과:

콘텐츠 작성자: "Instagram 캡션 초안 작성 - 글자 수 150자 내외, 주요 메시지 포함."
검수자: "브랜드 톤 확인, 문법 오류 수정."
SNS 관리자: "해시태그 5~10개 추가, 게시 시간 예약 설정."

Step 2: 피드백 메시지 작성

예:

"작성된 초안에 대해 피드백 메시지를 작성해줘. 주제: 신메뉴 소개."

결과:

"안녕하세요, 초안 잘 보았습니다! 신메뉴의 매력을 더 강조할 수 있는 표현이 추가되면 좋겠습니다. 예를 들어, '신선한 재료로 만든 특별한 요리'와 같은 문구를 추가해주세요."

Step 3: 콘텐츠 캘린더 제작

예:

"1개월간의 콘텐츠 캘린더를 작성해줘. 주제: 여름 시즌 프로모션."

결과:

1주차: 신메뉴 소개(Instagram 게시물).

2주차: 여름 음료 할인 이벤트(TikTok 릴스).

3주차: 고객 리뷰 활용 블로그 글 게시.

4주차: 프로모션 총정리 및 설문 조사.

5. 챗GPT 프롬프트 예시

- "콘텐츠 제작 팀의 역할을 명확히 정의하고 작업 흐름을 제안해줘."
- "SNS에 게시할 콘텐츠 제작과 게시물 검수를 위한 협업 가이드를 작성해줘."
- "Trello 보드에 맞는 콘텐츠 작업 흐름을 설계해줘."
- "Instagram 콘텐츠 검수 시 체크리스트를 만들어줘."
- "정기 피드백 세션에서 논의할 주요 항목을 정리해줘."
- "콘텐츠 캘린더를 만들어 각 팀원의 역할을 할당해줘."

- "콘텐츠 제작 후 성과 분석 회의에서 사용할 보고서 초안을 작성해줘."

6. 기대 효과

업무 효율성 향상

체계적인 협업 시스템으로 업무 병목 현상을 줄일 수 있습니다.

콘텐츠 품질 개선

다양한 관점을 반영한 검수와 피드백으로 콘텐츠의 완성도를 높입니다.

일정 준수

콘텐츠 캘린더와 역할 분담으로 작업 지연을 방지합니다.

팀워크 강화

명확한 역할 분담과 원활한 소통으로 팀의 협업 능력이 향상됩니다.

결론

콘텐츠 제작부터 게시까지의 모든 과정에서 협업 시스템을 도입하면 마케팅 성과를 극대화할 수 있습니다. 챗GPT를 활용해 역할 분담, 피드백 작성, 콘텐츠 캘린더 제작 등 협업 과정을 효율적으로 관리하세요. 체계적인 협업 시스템은 팀 전체의 능력을 결집시켜 더 나은 마케팅 결과를 가져다줄 것입니다!

10.3 내부 매뉴얼과 프로세스를 체계적으로 구축하는 방법

효율적이고 일관된 온라인마케팅을 위해서는 내부 매뉴얼과 프로세스를 체계적으로 구축하는 것이 필수입니다. 매뉴얼은 팀원 모두가 동일한 기준과 절차에 따라 업무를 수행하도록 돕고, 프로세스는 작업의 흐름을 명확히 하여 혼선을 줄이고 효율성을 높입니다. 이 장에서는 내부 매뉴얼과 프로세스를 체계적으로 설계하고 운영하는 방법을 제시합니다.

1. 내부 매뉴얼과 프로세스를 구축해야 하는 이유

일관성 유지

마케팅 메시지와 브랜드 이미지를 일관되게 전달할 수 있습니다.

효율성 증대

불필요한 반복 작업을 줄이고, 작업 속도를 높입니다.

업무 인수인계 용이

신규 직원이 빠르게 업무에 적응할 수 있습니다.

책임 분담 명확화

누가 무엇을 해야 하는지 명확히 정의합니다.

2. 내부 매뉴얼에 포함해야 할 주요 내용

1) 브랜드 가이드라인

브랜드 메시지:

예: "신선함과 정직함으로 고객의 식탁을 채웁니다."

톤앤매너:

밝고 친근함, 신뢰감 있는 표현 사용.

로고와 색상 사용 규칙:

로고 크기, 색상 코드, 배경과의 조화 규칙 명시.

2) 온라인마케팅 업무 절차

콘텐츠 제작 프로세스

아이디어 브레인스토밍: 팀 회의를 통해 주제 선정.

콘텐츠 작성: 초안을 작성하고 검수자에게 전달.

비주얼 제작: 디자이너가 이미지와 영상을 제작.

SNS 운영 규칙

게시물 업로드 시간과 빈도 설정.

해시태그와 위치 태그 사용 지침.
리뷰 및 메시지 응대 프로세스

리뷰 응대: 긍정적 리뷰는 감사 메시지, 부정적 리뷰는 사과와 해결책 제공.
고객 메시지 대응: 24시간 이내 답변 원칙.

3) 데이터 분석 및 보고

성과 지표 정의:
트래픽, 전환율, 참여도, 매출 등 주요 지표를 명시.

성과 보고 주기:
매주 또는 매월 정기 보고서 작성.

분석 툴 활용법:
Google Analytics, SNS Insights 사용 가이드 제공.

4) 직원 교육 매뉴얼

온라인마케팅 기초:
브랜드 메시지와 목표 고객층 이해.

SNS 운영 방법:
게시물 작성, 사진 촬영, 댓글 응대.

리뷰 대응 지침:

공감, 사과, 해결책의 3단계로 응대.

3. 프로세스를 체계적으로 설계하는 방법

1) 단계별 프로세스 정의

목표 설정 → 콘텐츠 제작 → 검수 및 수정 → 게시 → 성과 분석

각 단계별 책임자와 구체적인 작업 내용을 명시합니다.

2) 역할 분담

팀원별로 명확한 역할을 지정합니다.

예:

콘텐츠 작성자: 게시물 초안 작성.

검수자: 문법, 브랜드 일관성 확인.

SNS 관리자: 콘텐츠 업로드 및 고객 댓글 응대.

3) 작업 일정 관리

콘텐츠 캘린더를 통해 일정을 시각적으로 관리합니다.

월별, 주별, 일별로 작업 내용을 정리.

예: 매주 화요일 Instagram 게시물 예약 업로드.

4) 정기 점검

정기 회의를 통해 프로세스 문제점을 논의하고 개선합니다.
매주 업무 리뷰: 작업 진행 상황과 성과 공유.

4. 챗GPT를 활용한 매뉴얼 및 프로세스 개발

Step 1: 매뉴얼 초안 작성

예:

"우리 식당의 온라인마케팅 매뉴얼 초안을 작성해줘. 주요 내용: 브랜드 메시지, 콘텐츠 제작, 리뷰 응대."

결과:

브랜드 메시지:
"우리 식당은 신선한 재료로 고객의 건강한 미식을 제공합니다."

콘텐츠 제작 절차:
아이디어 회의.
작성 후 검수.
SNS 게시 및 모니터링.

리뷰 응대 지침:
긍정적 리뷰: "감사 인사와 재방문 유도."
부정적 리뷰: "공감, 사과, 해결책 제공."

Step 2: 프로세스 설계

예:

"콘텐츠 제작부터 게시까지의 프로세스를 작성해줘."

결과:

아이디어 회의: 주제와 주요 메시지 결정.

초안 작성: 작성자는 글과 시각 자료 초안을 준비.

검수 및 수정: 팀장이 브랜드 일관성을 검토하고 수정 요청.

SNS 예약 게시: 예약 게시 시스템에 업로드.

성과 분석: 캠페인 결과를 보고하고 개선점 논의.

Step 3: 체크리스트 생성

예:

"리뷰 응대와 SNS 게시를 위한 체크리스트를 만들어줘."

결과:

리뷰 응대 체크리스트:

리뷰의 감정을 이해하고 공감 표현.

긍정적 리뷰에는 감사 메시지 작성.

부정적 리뷰에는 사과와 해결책 제시.

SNS 게시 체크리스트:

문법 오류 확인.

브랜드 메시지와 톤앤매너 일관성 확인.

해시태그와 위치 태그 추가.

5. 챗GPT 프롬프트 예시

- "식당의 온라인마케팅 매뉴얼 초안을 작성해줘. 주요 항목: 브랜드 가이드라인, SNS 운영 지침."
- "콘텐츠 제작 프로세스를 효율적으로 구성하는 방법을 알려줘."
- "리뷰 응대 매뉴얼의 주요 내용을 작성해줘."
- "작업 일정 관리를 위한 콘텐츠 캘린더를 만들어줘."
- "정기적인 마케팅 성과 점검 회의에서 논의할 주요 항목을 정리해줘."
- "신규 직원 교육을 위한 온라인마케팅 매뉴얼을 작성해줘."
- "SNS 운영을 위한 역할 분담 가이드를 만들어줘."

6. 기대 효과

작업의 일관성 확보

명확한 매뉴얼로 모든 작업이 동일한 기준 아래 진행됩니다.

효율성 향상

체계적인 프로세스는 작업 시간을 단축하고, 중복 작업을 방지합니다.

팀워크 강화

역할과 책임이 명확해져 협업이 원활하게 이루어집니다.

신규 직원 적응 시간 단축

매뉴얼과 프로세스를 통해 빠르게 업무를 익힐 수 있습니다.

결론

내부 매뉴얼과 프로세스를 체계적으로 구축하면 팀 전체가 효율적으로 협력하며 더 나은 마케팅 결과를 만들 수 있습니다. 챗GPT를 활용해 매뉴얼을 작성하고 프로세스를 설계하면 시간과 노력을 절약하면서도 높은 품질의 시스템을 만들 수 있습니다. 체계적인 운영을 통해 팀의 역량을 최대한 발휘해 보세요!

에필로그:
작은 변화가 만드는 큰 성공

온라인마케팅에서 성공은 한순간에 이루어지지 않습니다. 작은 변화에서 시작된 꾸준한 노력은 시간이 지남에 따라 큰 성과로 이어집니다. 이 에필로그에서는 지속 가능한 성장을 이루기 위한 관리법과 마케팅 성공으로 이끄는 마지막 팁을 나누며, 독자가 자신의 브랜드를 한 단계 더 발전시키도록 돕고자 합니다.

1. 지속 가능한 성장을 위한 꾸준한 관리법

성공적인 마케팅은 단기적인 결과에 만족하지 않고, 꾸준한 관리를 통해 장기적으로 성과를 유지하고 확대하는 데 있습니다.

1) 데이터 기반의 꾸준한 점검

정기적인 성과 분석:

트래픽, 전환율, 참여도 등 주요 지표를 정기적으로 점검하세요.

예: 매월 첫째 주에 데이터 분석 회의를 통해 지난달 성과를 리뷰.
문제점 발견과 개선:
데이터를 통해 나타난 문제점을 신속히 파악하고 개선점을 실행합니다.

2) 콘텐츠의 지속적인 업데이트

정기적인 콘텐츠 제작:
콘텐츠 캘린더를 활용해 매주 또는 매월 정기적으로 게시물을 제작하세요.
예: 계절별 신메뉴 소개 콘텐츠나 고객 리뷰를 활용한 게시물.

트렌드 반영:
변화하는 고객 니즈와 최신 트렌드를 콘텐츠에 반영하세요.
예: TikTok에서 유행하는 영상 스타일 활용.

3) 고객과의 지속적인 소통

리뷰와 댓글 응대:
고객의 리뷰나 댓글에 빠르고 진심 어린 응대를 통해 신뢰를 쌓습니다.

개인화된 메시지 제공:
단골 고객에게 생일 쿠폰이나 맞춤형 메시지를 발송하세요.

4) 팀워크와 역할 분담

정기적인 팀 회의:
팀원이 서로의 작업 상태를 공유하고 협업의 문제점을 해결합니다.

역할 명확화:
콘텐츠 제작, 검수, 게시 등 각 작업을 담당자에게 명확히 분배합니다.

2. 온라인 마케팅을 성공으로 이끄는 마지막 팁

1) 작은 변화로 시작하라

한꺼번에 모든 것을 바꾸려고 하지 말고, 작은 변화부터 실행하세요.
예: 첫 번째 SNS 캠페인 시작, 리뷰 응대 매뉴얼 작성.
작은 성공을 하나씩 쌓아 나가면 큰 성과로 이어집니다.

2) 고객 중심의 마케팅을 펼쳐라

고객의 필요와 관심사를 중심으로 콘텐츠를 제작하세요.
예: "오늘은 비가 오는 날, 따뜻한 차와 함께할 파스타는 어떠세요?"
고객 피드백을 마케팅 전략에 적극 반영하세요.

3) 최신 기술과 트렌드를 활용하라

기술 도구 활용:
챗GPT, Instagram Insights, Google Analytics 등 최신 도구로 마케팅 효율성을 높이세요.

트렌디한 콘텐츠 제작:
유행하는 밈(meme), 챌린지 등을 적절히 활용해 고객의 관심을 끌어보세요.

4) 일관성을 유지하라

브랜드의 톤앤매너와 비주얼 정체성을 유지하며, 고객에게 신뢰를 전달하세요.
예: 브랜드 색상과 로고를 통일해 SNS와 웹사이트에 활용.

5) 실패를 두려워하지 말라

새로운 아이디어를 실험해보고, 실패를 통해 배우세요.
예: 특정 캠페인이 예상보다 낮은 성과를 보였더라도 데이터를 분석해 개선점을 찾으세요.

결론: 꾸준함이 만들어내는 큰 성공
작은 변화는 꾸준함과 결합될 때 비로소 큰 성공으로 이어집니다. 당신이 지금 시작한 작은 행동 하나하나는 당신의 브랜드를 한 단계 더 성장시킬 밑거름이 될 것입니다.

"큰 성공은 작은 변화에서 시작된다."
오늘의 작은 변화를 내일의 큰 성과로 이어가세요.

감사합니다. 이 책을 통해 여러분의 식당이 온라인마케팅을 통해 성장하고, 더 많은 고객들에게 사랑받는 공간으로 거듭나길 응원합니다.

당신의 성공을 진심으로 기원합니다.

저/ 자/ 소/ 개

김영갑

- 현, KYG푸드서비스그룹 교수
- 현, KYG상권분석연구원 교수
- 전, 한양사이버대학교 호텔외식경영학과 교수
- 전, 한양사이버대학교 대학원 외식프랜차이즈MBA 교수
- 건국대학교 부동산 대학원 '빅데이터를 활용한 상권분석 3.0' 출강
- 국내 주요 상권분석시스템 개발 및 공공기관 상권분석 관련 프로젝트 자문
- 한양사이버대학교 평생교육원 '상권분석 전문가 과정' 지도교수
- KYG외식경영연구원㈜ '온라인마케팅 전문가 과정' 지도교수
- 사단법인 일자리창출진흥원 원장
- 소상공인시장진흥공단 2016년 가상창업체험서비스 시범사업 자문교수
- 소상공인시장진흥공단 2017년 상권정보시스템 컨설팅 부문 시범사업 자문교수
- 상권육성전문가 자격시험 상권분석 부문 출제위원

저서 및 논문

- 『상권분석론』, 『외식창업론』, 『외식메뉴관리론』, 『외식마케팅』, 『미스터리 쇼핑』, 『호텔마케팅』, 『관광정보론』 외 다수
- 외식소비자의 MSG 허용범위와 사용량인식이 구매의도에 미치는 영향, 레스토랑에서 소비자가 지각하는 가격인지차원의 타당성 검증, Q방법론에 의한 패밀리레스토랑 소비자의 세분화 외 다수

- **유튜브 채널** : 김영갑교수TV (@webkim777)
- **네이버 블로그** : blog.naver.com/webkim
- **강의요청** : webkim@naver.com

챗GPT로 배우는
식당 온라인 마케팅

1판발행 2025년 4월 30일 **1판 1쇄**

지은이 김영갑
펴낸이 최용구
펴낸곳 도서출판 **이프레스**
주소 (04316) 서울시 용산구 원효로 89길 19 (원효로1가)
전화 02) 537-1720(영업부), 537-1721(편집부), 537-1711(팩스)
이메일 epress01@naver.com | **홈페이지** www.epress1.com
등록 2009년 12월 10일 제16-2710호
기획마케팅 최용구 장만동 송대용 최충구 | **책임편집** 석기은 황가연 | **표지** SDY

ISBN 979-11-91348-89-7 13320
정가 **20,000원**